Norbert Blüm · Peter Henkel

Streit über Gott

Ein Gespräch unter Gegnern

HERDER

FREIBURG · BASEL · WIEN

MIX
Papier aus verantwortungsvollen Quellen
FSC www.fsc.org
FSC® C106847

www. herder.de

Satz: Barbara Herrmann, Freiburg
Herstellung: fgb · freiburger graphische Betriebe
www.fgb.de

Printed in Germany

ISBN 978-3-451-30590-0

Vorwort

Gibt es Gott?

Gute Frage, sagen da viele und wiegen bedächtig den Kopf. Ganz Kluge werden sogleich hinzufügen, dass man sie so einfach nicht stellen darf. So wie es einen Stuhl gibt oder den Kontinent Afrika, so gebe es Gott natürlich nicht. Andere wenden ein: Was denn gemeint sei mit diesem erklärungsbedürftigen Begriff Gott?

Wir haben solche Bedenken außen vor gelassen – und uns einträchtig an den Papst gehalten. Benedikt XVI. hat im Vorfeld seiner Deutschlandreise von 2011 öffentlich eben diese Frage aufgegriffen: „Gibt es Gott überhaupt?"

Also haben wir, der Gläubige und der Gottesleugner, uns ohne Umschweife auf unseren Briefwechsel geworfen. In der Absicht, unsere gegensätzlichen Überzeugungen in aller Deutlichkeit zutage treten zu lassen. Und mit dem Vorsatz, keinesfalls akademische Abhandlungen zu verfassen, sondern Überlegungen, Tatsachen, Einsichten und Ansichten Dritter und persönliche Erfahrungen auszubreiten, die für jedermann nachvollziehbar sein sollen, auch wenn sie ihm bis dahin fern waren oder fremd.

Bei manchem Thema waren sich die beiden Autoren einig. Etwa darin, dass sie sich dem Humanismus verpflichtet fühlen, also einem Blick auf die Welt, der unbeirrbar den Menschen ins Zentrum rückt – mit seiner Würde, mit seinem Anspruch auf Solidarität, mit seinem Festhalten an Werten, die weder im Meer der Beliebigkeit untergehen noch auf dem Altar des Mammon geopfert werden dürfen.

Ansonsten aber: Wir, der eine aus der Politik kommend und der andere aus dem Journalismus, kannten uns vor dieser Korrespondenz nicht persönlich – und gerieten beim Briefeschreiben mehrfach heftig über Kreuz. Zwar wehte auch der Wind des Sanftmuts und der Übereinstimmung. Dann aber gab es Momente, Tage und Texte, da hat es gekracht und geraucht, vor und hinter den Kulissen und bis an die Grenze des Scheiterns. Es lässt sich im O-Ton nachlesen, wie es so recht rumpelt zwischen Christ und Atheist.

Beide Autoren haben also in den sieben Monaten ihrer Korrespondenz einmal mehr erlebt, wie dieses Kernthema unter die Haut geht. Es gibt eben nicht nur die Gleichgültigen. Gretchens Frage an Faust „Wie hältst du's mit der Religion?" beschäftigt, trotz allem, noch immer die Mehrheit der Menschen in unserem Land. Unzählige treibt sie sogar um.

Ihnen allen widmen wir dieses Buch.

Bonn/Stuttgart, im Juli 2012

Norbert Blüm
Peter Henkel

Stuttgart, 15. November 2011

Lieber Norbert Blüm,

das haben Sie nun davon: immer wieder lesen und verdauen müssen, was ich Ihnen zumute, immer wieder selber in die Tasten greifen – und dann auch noch ausgerechnet zu diesem Thema. Als hätte es unsere Gegenwart nicht gründlich verlernt, über IHN zu sprechen. Dabei bleibt Gott doch ein Mega-Thema. Global und auf unabsehbar lange Zeit, und ob man will oder nicht.

Trotzdem: Den einen ist's beschwerlich und den andern peinlich, auch deswegen, weil es zu intim ist. Für viele andere gibt es da sowieso nichts zu reden – und erst recht nichts zu debattieren. Glaube gilt ja als etwas, was man entweder hat oder eben nicht hat, und darüber streiten deshalb als sinnlos. Folgerichtig bricht regelmäßig das große Schweigen aus, sobald man nur in die Nähe von Gretchens Frage an Faust gerät: „Wie hältst du's mit der Religion?" So versucht sie herauszufinden, ob er als braver Mann mitschwimmt im Strom der Konvention. Heutiger Mainstream will, dass es eine gute Sache ist, irgendwie an eine vage umrissene höhere Macht zu glauben – die bei Bedarf aber auch gern der Gott der Christen sein kann.

Und im Übrigen sind Gott und Glaube in der Kommunikation der gewöhnlichen Alltagswelt das, was man ein „no go" nennt und was früher ein Tabu hieß.

Und nun kommen zwei – obendrein und typischerweise nicht mehr ganz junge – Zeitgenossen daher und wollen öffentlich erörtern, was es mit Gott und Glaube auf sich hat, und das von zwei sehr gegensätzlichen Standpunkten aus.

Um mit der Tür ins Haus zu fallen: Sie glauben an Gott, den Sie obendrein, wie ich weiß, gern „den lieben Gott" nennen. Ich hingegen bin überzeugt, dass nichts existiert, was sinnvoll mit diesem Namen zu belegen wäre; dass sie alle – Christen, Juden, Muslime und die Hindus sowieso mit ihrer schrillen, bunten Masse-statt-Klasse-Götterwelt – vor nichts anderem knien als einer Projektion aus dem Geiste Feuerbachs. Denn Gott ist und bleibt eben dies: eine Erfindung des Menschen, aber sicherlich eine der folgenreichsten, im Guten wie im Schlechten. Dass der Mensch sich so ein Wesen ausdachte und mit dem Christentum eine spezielle Variante davon entstehen konnte, das hat eine Menge Gründe. Auch der Atheist kann sie allesamt nachvollziehen. Sie liegen in den Bedürfnissen und Interessen des Menschen. Nur: Dass die Menschen es gern hätten, wenn so etwas wie Gott existierte, macht den Glauben an ihn um keinen Deut plausibler. Aus einem Wunsch wächst kein Gott – aber aus Wunschdenken ein trügerischer Glaube.

Natürlich könnte Gott auch dann existieren, wenn das unserem Wünschen entgegenkäme. Dass ein Schiffbrüchiger Hilfe herbeisehnt, bedeutet ja nicht, dass keine naht. Aus diesem simplen Umstand trachten Theologen und andere Gläubige Kapital zu schlagen, indem sie den Spieß herumzudrehen versuchen und so tun, als läge hier ein Argument *für* die Existenz Gottes. Aber natürlich ist das grober Unfug.

Dass es so etwas wie Gott tatsächlich gibt, dafür spricht angesichts dieser Welt, seiner vermeintlichen Schöpfung, buchstäblich nichts. Dagegen aber spricht viel zu viel. Auch als Atheist füge ich ein „leider“ hinzu. Wir werden darauf noch zu sprechen kommen.

Um als leidlich gesitteter Zeitgenosse die erwähnte Tür fürs Erste leise wieder zu schließen, quasi von außen, möchte ich zwei wichtige Gemeinsamkeiten zwischen uns hervorheben (andere werden folgen, und manche wird Sie vielleicht erstaunen). Erstens die Prognose, dass Religion in den nächsten Jahrzehnten in vielen Weltregionen eine zentrale Rolle spielen wird. Dabei wird sich wie schon so oft in der Geschichte zeigen – Stichwort Terrorismus und Krieg –, dass Glaube eben nicht allein zum Guten motiviert, sondern in den Köpfen von Menschen auch furchtbares Unheil anzurichten vermag, mit schlimmen Folgen für sie selbst und andere. Und zwar zumal dann, wenn er unhinterfragt ist, wenn keine Zweifel an ihm geäußert werden (dürfen).

In Deutschland herrschen in Sachen Religion hochkomplexe Zustände von verwirrender Vielgestaltigkeit. Da gibt es, beispielsweise, das nach wie vor fromme Oberschwaben und in Thüringen oder gar in Berlin beträchtliche Bevölkerungsteile, denen alles Religiöse mittlerweile fast so fremd und fern ist wie albanische Blutrachebräuche. Das Gesamtbild ist aber ein anderes. Wenn ich mich umsehe in Ihrem und meinem Lande, dann stoße ich allenthalben auf Belege dafür, wie tief religiös geprägt es ist, trotz aller Verweltlichungstendenzen.

Damit will ich hier nur jenen entgegentreten, die für unsere Thematik allenfalls ein Kopfschütteln übrig haben oder ein Schulterzucken. Meist sind das Menschen, die den Glauben für sich persönlich abgehakt haben – als Aberglauben oder als unwichtig, als unangenehme oder sogar schmerzhafte Erinnerung an Kindertage, als mentalen Störfaktor beim Streben nach Erfolg, Zerstreuung oder Bewältigung des Alltags. Oder auch, was sonderbar häufig anzutreffen ist, weil sie die beiden Sphären Kirche und Glaube nicht voneinander zu trennen wissen. Als ob die Frage nach Gott dadurch beantwortet wäre, dass Priester sich sexueller Verfehlungen schuldig machen oder die römische Kirche sich so schwertut mit der überfälligen Überwindung menschenunfreundlicher und verquerer Dogmen und noch immer zu starrer Hierarchien.

Die zweite Gemeinsamkeit liegt darin, dass Sie und ich uns mit unserem Dialog jenem merkwürdigen Konsens verweigern, wonach Glaube nichts ist, was man besprechen, geschweige denn debattieren soll. Für viele steht diese Überzeugung so fest wie kaum eine andere. Es wäre aber falsch, daraus auf ein kollektives Desinteresse zu schließen; man hat nur so gar keine Übung darin und dafür umso mehr Hemmungen.

Ob jemand glaubt oder nicht, das geht dieser Übereinkunft zufolge auf eine Art individueller Willkür zurück: Erlaubt ist, was gefällt. Zwar weiß man, dass bei sehr vielen Gläubigen biographische Prägungen durch Elternhaus und Milieu eine enorme Rolle spielen – Ihrem Lebenslauf, lieber Norbert Blüm, entnehme ich übrigens, dass das auch bei Ihnen so ist. Aber schließlich wird man irgendwann erwachsen und könnte aus solchen Traditionen aussteigen. Die einen machen davon Gebrauch, die anderen nicht. Deshalb bleibt am Ende der religiöse Standort in den Augen einer übergroßen Mehrheit doch eine Angelegenheit des jeweiligen Beliebens: Was – vermeintlich – ganz und gar subjektiv entstanden ist, soll einer auch nur versuchten Objektivierung entzogen sein. Argumente, meint man, hätten auf diesem Felde nichts zu suchen. Ein schwerer und folgenreicher Irrtum.

Während also Gott und Glaube kaum je Gesprächsgegenstand sind, gilt doch vieles als salonfähig, was damit zusammenhängt. Religion als moralische Leitplanke, als sozialer Kitt, als kulturelles Erbe oder spiritueller Fluchtort – das alles wird hierzulande beständig öffentlich erörtert. Ein Ventil, das Druck aus dem Kessel lässt. Es wird so regelmäßig und ausgiebig betätigt, dass schon deshalb die Rede von einer durch und durch säkularen deutschen Gegenwart töricht ist. Man stelle sich beispielsweise vor, die Unionsparteien strichen per Parteitagsbeschluss das C aus ihrem Namen oder das „Wort zum Sonntag“ würde ergänzt durch ein gelegentliches atheistisches „Credo am Montag“: Es gäbe Entrüstungsstürme. Und so würde offenkundig, wie die Religion hierzulande in Wahrheit noch immer weitgehend unantastbar ist und der Gesellschaft tief, sehr tief im Blute steckt.

Die Fraktion der Dialogbereiten unter den Gottesleugnern kann nachvollziehen, warum der Glaube seit Jahrtausenden eine so große Anziehungskraft entfaltet. Oft genug aus eigenem Erleben: Viele Atheisten sind ja frühere Anhänger eines Glaubens, den sie irgendwann vor sich selbst nicht mehr aufrechterhalten konnten. Zu ihnen zähle ich. Viel hätte nicht gefehlt, und ich hätte seinerzeit ein Theologiestudium aufgenommen, Berufsziel Pfarrer. Ich entschied mich anders. Wenige Jahre später war ich heilfroh darüber. Denn immer mehr Zweifel waren mir gekommen, immer öfter entdeckte ich in meiner Religion, die mir in schmerzhaften familiären Situationen Trost und Hilfe gewesen war, Unglaubwürdiges und Märchenhaftes, Dinge, die miteinander unvereinbar erschienen und zugleich als Zumutung für Logik und gesunden Menschenverstand. Als Kind und Heranwachsender hatte ich sie wie selbstverständlich hingenommen, war gar nicht auf die Idee verfallen, sie kritisch und aus einer gewissen Distanz zu betrachten. Je näher ich jetzt aber hinsah, je mehr ich las, je öfter ich gläubige Menschen traf, die sich als gesprächsunfähig erwiesen, umso mehr tauchten Fragen auf, für die es leidlich zufriedenstellende Antworten nicht mehr gab – außer am Ende diese: Abschied.

Man kann einen solchen Abschied für sich behalten, als rein private Angelegenheit behandeln. Diese Forderung habe ich oft genug gehört, direkt oder unüberhörbar zwischen den Zeilen. Sie verbirgt sich beispielsweise in dem beliebten Vorwurf an jene Atheisten, die zuweilen laut und vernehmlich über ihren Unglauben sprechen, sie wollten „missionieren". Eine abwegige Kritik, die dem einen verwehren will, was sie dem anderen – den Gläubigen und den Kirchen – problemlos zugesteht. Auch sie zeigt, wie schief und verklemmt in unserer Gesellschaft mit dem Thema Glaube umgegangen wird. Denn selbstverständlich muss in einem Land, in dem man auf Schritt und Tritt den unterschiedlichsten Zeugnissen von Religion begegnet, ein Diskurs auch und gerade über ihr Kernthema möglich sein, den Gottesglauben. Mehr noch, ein solcher Diskurs ist zwingend vonnöten. Denn wenn die Debatte immer nur um (wenn auch wichtige) Kollateralfragen kreist wie den Zölibat oder Roms Segen für Geschiedenenehen, die Präimplantationsdiagnostik oder Religion als Halteseil in einer Zeit schleichenden Werteverlusts, dann haben wir es mit neurotischer Verdrängung zu tun. Dann wird das Thema insgesamt verfehlt, und dann gehen Sinn und Gefühl für die eigentliche Dimension des Glaubens verloren. Daran dürften selbst seine Anhänger kein Interesse haben.

Zumal in einer nach ihrem Selbstverständnis aufgeklärten und mündigen Gesellschaft muss es deshalb Atheisten geben, die öffentlich wahrnehmbar auf einer Prüfung dessen bestehen, was denn dran ist am Glauben: ob also so etwas wie Gott überhaupt existiert; ob das gläubige Individuum einer zwar verständlichen, aber fatalen Selbsttäuschung erliegt; ob auch dieser Staat, die Bundesrepublik Deutschland, einem Trugbild aufsitzt, wenn sogar die Präambel seines Grundgesetzes von einer „Verantwortung vor Gott und den Menschen" spricht.

Das alles und manches andere soll nun Ihr und mein Thema sein. Ich bin sehr gespannt, was aus dem Projekt wird. Soweit ich die einschlägige Literatur überblicke, gibt es so etwas bisher nicht, jedenfalls nicht im deutschsprachigen Raum: zwischen den Deckeln eines einzigen Buches ein leidenschaftlicher, ein – wenn Sie mir das womöglich nicht mehr ganz taufrische Wortspiel erlauben – unverblümter Wortwechsel zwischen Christ und Atheist. Klartext, konzentriert auf den Kern. So dass Matthias Beltz in unserem Buch keine Munition gefunden hätte für seinen denkwürdigen Kabarettistenspruch: „Die einen sagen, dass Gott existiert, und die anderen sagen, dass er nicht existiert. Die Wahrheit wird, wie so oft, in der Mitte liegen."

Herzlichen Gruß
Ihr Peter Henkel

Bonn, 23. November 2011

Lieber Peter Henkel!

Auf Ihren Brief habe ich gewartet.

Jetzt ist er da!

Ja, Gott ist, wie Sie sagen, ein Mega-Thema. Aber dieses Thema betrifft auch das Innerste des Inneren des Menschen. Also das Kleinste vom Kleinen. Wie soll man von IHM sprechen, IHN gar Ihnen „beweisen", der Sie an IHN gar nicht glauben. Das Ganze kann man ebenso wenig beweisen wie das Nichts. Für beides gibt es nichts Vergleichbares. Die Realitäten befinden sich zwischen dem Sein und dem Nichts. Jede Definition ist, wie der Begriff schon sagt, Eingrenzung. Was soll denn außerhalb von Gottes Grenzen liegen? Gott ist grenzenlos, also nicht definierbar. ER ist der Allumfassende. Außer IHM gibt es nichts. Gott ist der Größte vom Großen, im Verhältnis zu dem es nichts Größeres gibt. „Ich bin, der ich bin" nennt Jahwe sich selbst im brennenden Dornbusch, als er sich Moses offenbart (vgl. Ex 3,14). Existenz und Essenz sind bei Gott identisch. Das unterscheidet IHN von uns.

Das Bilderverbot, das in vielen Religionen gilt, entspringt der Einsicht in die Unmöglichkeit, IHN darzustellen. Wir nähern uns IHM in Umschreibungen an. Vielleicht kommen IHM die verzückten Ahnungen der Mystiker näher als die Dogmen der Theologie. Jedenfalls fällt es der Theologie leichter zu sagen, was Gott nicht ist, als was er ist.

Die Propheten des Alten Bundes sind allesamt große Gotteskünder, aber eigentlich zuerst kleine Gotteskinder. Oft wissen sie nicht, von wem sie sprechen, und manchmal reden sie nur auf Befehl von IHM. Jeder von ihnen ist ein Verrückter. Jesaja, ein vornehmer Mann aus gutem Haus, läuft drei Jahre unbekleidet durch Jerusalem und nimmt so das Schicksal derjenigen Landsleute vorweg, die später nackt als Kriegsgefangene abtransportiert werden. Jesaja ist offenbar ein alttestamentarischer Grüner bürgerlicher Herkunft.

Jeremia, ein weinender Prophet aus dem Stamme Benjamin, ist ein Prophet wider Willen. „Ach, mein Gott und Herr, ich kann doch nicht reden, ich bin ja noch so jung." Aber Jahwe, sein Arbeitgeber, lässt sich nicht auf Ausreden und Ausflüchte ein. Er gibt ihm den Marschbefehl: „Hiermit lege ich meine Worte in deinen Mund", und so marschiert der Rekrut Jahwes los (vgl. Jer 1,4–10).

Jona, mein Liebling, ist ein großer Feigling. Er läuft davon, als er im Auftrag Jahwes den großen Verbrechern und den kleinen Halunken, den Schröpfern und den Geschröpften, den Huren und den Zuhältern im weit entfernten Ninive den Untergang verkünden soll. – Und später in Ninive ist Jona stinksauer, weil der Herr doch nicht die Sünder vernichtet, wie er es auftragsgemäß den Leuten dort prophezeit hat. Jona fühlt sich als Jahwes Unheilsbote von Jahwe selbst blamiert. „Ich wusste, dass du ein gnädiger und barmherziger Gott bist, langmütig und reich an Huld, und dass deine Drohungen dich reuen", motzt er und fügt vorwurfsvoll hinzu, weil Du „gnädig, barmherzig, langmutig und von großer Güte bist" (Jona 4,2).

Hosea, ein Zeitgenosse von Amos, aber nicht so hart wie dieser und in unglückliche Liebesverhältnisse verstrickt, ist fast ein Softie. Micha aus Moreschet, der Utopist einer besseren Zukunft, ist ein alttestamentarischer Revolutionär, der den Mächtigen die Vernichtung ansagt. „Sie fressen mein Volk auf, sie ziehen den Leuten die Haut ab und zerbrechen ihnen die Knochen ... Darum wird Zion euretwegen zum Acker, den man umpflügt, Jerusalem wird zu einem Trümmerhaufen." (Mi 3,3.12)

Der Unheimlichste von allen ist Elija. Der Mann war nie glücklich. Er lächelte nie. Einen Mantel aus Ziegenhaaren trug er. Seine Haare hatte nie eine Schere berührt. Irgendwann hat er die Schnauze voll. „Es ist genug. Nimm mein Leben“, schreit er zu Gott (1 Kön 19,4).

Aber der lässt ihn nicht aus seinen Händen. Elija flieht vor IHM in die Wüste und verschwindet schließlich am Gottesberg Horeb in einer Höhle.

„Was willst Du hier?“ fragt ihn Jahwe. Der barsche, starke Elija gesteht zitternd seine Angst.

Und dann kommt eine der schönsten Stellen im Alten Testament:

„Der Herr antwortete: Komm heraus und stell dich auf den Berg vor den Herrn.

Da zog der Herr vorüber: Ein starker, heftiger Sturm, der die Berge zerriss und die Felsen zerbrach, ging dem Herrn voraus.

Doch der Herr war nicht im Sturm.

Nach dem Sturm kam ein Erdbeben. Doch der Herr war nicht im Erdbeben.

Nach dem Beben kam ein Feuer. Doch der Herr war nicht im Feuer.

Nach dem Feuer kam ein sanftes, leises Säuseln. Als Elija es hörte, hüllte er sein Gesicht in den Mantel, trat hinaus und stellte sich an den Eingang der Höhle.“ (1 Kön 19,11–13)

Jahwe, der Leise und Sanfte – das ist der ganz Andere und eine oft überhörte alttestamentarische Erfahrung.

Gott ist nicht in den Naturgewalten. ER ist nicht auf Spektakel angewiesen. Jahwe ist kein Blitze schleudernder Zeus und kein Feuer speiender Jupiter. Jahwe offenbart sich in der Stille: „Ein sanftes, leises Säuseln.“ („Eine Stimme verschwebenen Schweigens“, übersetzt Martin Buber.)

Immer ist Jahwe so, wie IHN keiner kennt.

„Lass mich doch deine Herrlichkeit sehen“, bittet Mose Jahwe. „Du kannst mein Angesicht nicht sehen; denn kein Mensch kann mich sehen und am Leben bleiben ... Wenn meine Herrlichkeit vorüberzieht, stelle ich dich in den Felsspalt und halte meine Hand über dich, bis ich vorüber bin. Dann ziehe ich meine Hand zurück, und du wirst meinen Rücken sehen. Mein Angesicht aber kann niemand sehen.“ (Vgl. Ex 33,18–23)

Nur seinen Rücken lässt Jahwe Moses sehen.

Lieber Herr Henkel, glauben Sie IHM nur, wenn Sie „IHM“ ins Gesicht gucken können?

Sehr geehrter Herr Henkel!

Wie soll ich Ihnen Gott erklären oder IHN gar gegen Ihre Vorwürfe verteidigen, wenn es IHN Ihrer Meinung nach doch gar nicht gibt?

Als der große, kluge Augustinus ein kleines Kind am Meeresufer fragte, warum es mit einer Muschel Meerwasser schöpfte, entgegnete das Kind „Ich schöpfe das Meer aus“ und fügte hinzu: „So aussichtslos und vergebens ist mein Bemühen, das Meer trockenzulegen, wie dein Versuch, Gott erschöpfend zu begreifen.“

So, lieber Peter Henkel, sitze ich hier und bin geneigt, Ihnen vorzuschlagen, unser Gespräch zu beenden, bevor es begonnen hat. Ich schöpfe das Meer nicht aus.

„Wovon man nicht sprechen kann, darüber muss man schweigen“, behauptete Wittgenstein. Doch dieser Wittgenstein treibt mich zu einer Trotzreaktion.

Man schlage die „Bildzeitung“ auf, und dann „liest“ man, über was man alles reden kann. Zuerst, wer mit wem im Bett liegt. Heute lese ich, dass Pippa zu ihrem Ex-Ex zurückgekehrt ist und auf Schloss Alnwick (wo liegt das?) die Nacht verbracht hat. „Bild“ war dabei. Gestern las ich, wer mit Boris, Paris Hilton, Lady Gaga wann, wo, wie diniert hat und welcher Hund bei welchem Arzt seine Blähungen behandeln ließ – Gott, wie aufregend das alles ist –, und schließlich erfahre ich auch noch, wem der gelgestriegelte Chefredakteur Kai Diekmann die Hand küsste, nachdem er zuvor dem Dalai Lama und Benedikt XVI. devot gehuldigt hat. Zu meiner Überraschung spricht Papst Benedikt XVI. wie sein strenger Vorgänger Johannes Paul II. auf Seite 2 mit „Bild", während auf Seite 1 nackte Frauen ihre obszöne Schamlosigkeit unter die Leute bringen. Davon also darf man reden?

Ja, wir twittern uns hemmungslos mit Belanglosigkeiten zu Tode. Wir schwätzen uns besinnungslos. Und da sollen wir über Gott schweigen? Wenn schon nicht über IHN reden, dann wenigstens nach IHM fragen.

Solange es Menschen gibt, haben sie gefragt: „Was ist der Anfang?" „Wohin führt das Ende?" Die Aussicht auf den Tod quält kein Tier. Diese Begabung besitzen nur Menschen. Vielleicht ist die Frage nach dem Tod – ob danach noch etwas kommt und was es ist – nur eine Variante der Gottesfrage, die wir nie werden wegdiskutieren können.

Wahrscheinlich fand sogar die „Erfindung" der Gottesfrage früher statt als die Erfindung des steinernen Faustkeils. Der „homo religiosus" ist mit Sicherheit älter als der „homo faber". Freilich, die Religionen haben sich bisweilen in Nebensächlichkeiten und Spitzfindigkeiten verloren. Meine Kirche diskutiert leidenschaftlich über Zölibat und Frauenordination, über die Unfehlbarkeit des Papstes. Ich beteilige mich sogar daran, weil das wichtige Fragen sind, aber nicht die wichtigsten.

Die wichtigste Frage steht vor allen innerkirchlichen Fragen, nämlich die: Gibt es den, in dessen Namen die Päpste unfehlbar sind, oder nicht? Gibt es den, dem die Priester dienen – egal, ob männlich oder weiblich, verheiratet oder nicht?

Wenn es Gott nicht gibt, erübrigt sich die Frage, ob er weiblich oder männlich ist, denn das Nichts ist geschlechtslos. Gott – ja oder nein? Das ist die Kardinalfrage – die keine Wissenschaft zu beantworten vermag und für die selbst die Intelligenz von Nobelpreisträgern nicht ausreicht.

Auch Hans Küngs kluges Buch *Existiert Gott?* lässt mich nach 767 Seiten, die ich mit großem Interesse gelesen habe, mit der Frage allein zurück: Existiert ER nun oder nicht? („Da steh ich nun, ich armer Tor, und bin so klug als wie zuvor.“)

Was mich trotz meiner eingestandenen Scheu dennoch drängt, mich auf die Reise dieses Briefwechsels einzulassen, ist Ihre, lieber Peter Henkel, Hartnäckigkeit, „öffentlich wahrnehmbar auf einer Prüfung dessen zu bestehen, was denn dran ist am Glauben: ob also so etwas wie Gott überhaupt existiert“.

Warum sind Sie so hartnäckig? Wenn Sie absolut sicher sind, dass es IHN nicht gibt, dann erübrigt sich unser „Fragespiel“. Oder sind Sie gar nicht so sicher, wie Sie tun?

Gibt es IHN, oder gibt es IHN nicht? Das ist für mich die erste theologische Frage. Alles andere ist Nachgeplankel. Gibt es IHN, sieht das Leben anders aus, als wenn es IHN nicht gibt.

Wenn es IHN nicht gibt, dann rasen wir wie Milliarden von Menschen vor und nach uns durch den dunklen, sich weiter ausdehnenden Kosmos. Unsere Lebensspanne ist im weltzeitlichen Maßstab lediglich ein kurzes Blitzlicht, und unsere kleine Existenz verglüht wie eine Sternschnuppe – ohne Rückstände im Weltall. Kein schöner Gedanke, oder?

Wenn Sie Siege für die Behauptung der Nichtexistenz Gottes feiern wollen, dann können Sie jetzt schon die Fanfaren erklingen lassen, denn ich werde IHN Ihnen nicht „beweisen", aber ich glaube an IHN. Nebenbei bemerkt, nicht alles, was ich mache, mache ich mit Wissen. Meine Speicherkapazität für Informationen und für ihre Verarbeitung in meinem Gehirn ist nämlich – natürlich – beschränkt. Ein Quäntchen Mut ist immer dabei, wenn wir handeln, denn es gibt keine absoluten Gewissheiten, auf die wir uns immer verlassen könnten.

Insofern sind unsichere Glaubensentscheidungen keine theologische Spezialität. Vieles, was ich mache, mache ich in gutem Glauben. Wo ich nichts oder zu wenig weiß, vertraue ich: Meinen Hausarzt verstehe ich nicht, trotzdem lasse ich mich von ihm behandeln. Ein Flugzeug besteige ich, obwohl ich nicht weiß, wieso das schwere Ding sich in die Luft erhebt, weil ich mich auf mich und andere verlasse, die das schon tausendmal ausprobiert haben. Den Wissensanteil an meinen Handlungen im Verhältnis zum Vertrauensquantum schätze ich auf ca. 1:10. Selbst meine Frau habe ich nicht geheiratet, weil ich wusste, dass sie die Beste sei. Ich habe es geglaubt. Bis jetzt ist es aber gutgegangen.

Was mich, lieber Peter Henkel, zu unserem „Abenteuerurlaub mit Briefen" ermutigt, ist der Kalauer von Matthias Beltz, mit dem Sie Ihren Brief beenden. „Die einen sagen, dass Gott existiert, und die anderen sagen, dass er nicht existiert. Die Wahrheit wird, wie so oft, in der Mitte liegen."

Lachen Sie mich nicht aus. Ich befinde mich manchmal dort, ungefähr in der Mitte. Ich bin mir nämlich nicht immer und nie ganz sicher, ob es IHN gibt.

Erschrecken Sie nicht, auch bei mir liegt die Wahrheit nicht einfach auf einer Seite. Bisweilen schwankt die Waage, und ich komme mit IHM gut zurecht, weil ich zufrieden bin, dass es IHN gibt; dann wieder ist ER für mich bei Nacht und Nebel in Nacht und Nebel verschwunden. Ich hoffe von Ihnen, dass Ihr Atheismus so wenig bombenfest ist wie mein

Theismus einwandfrei. Dazu ermutigt mich Ihr „leider“, das Sie in Ihrem Brief Ihrer Überzeugung von Gottes Nichtexistenz beifügen.

Lieber Peter Henkel!

Von denen, die fraglos ohne Gott auskommen, geht für mich keine Versuchung aus. Sie sind mir zu selbstgenügsam. Und auf der anderen Seite flößen mir die „Glaubensfelsenfestsicheren“ sogar Angst und Schrecken ein. Als kürzlich der neuernannte Essener Bischof auf dem Podium einer öffentlichen Veranstaltung von Giovanni di Lorenzo gefragt wurde, ob er jemals Glaubenszweifel gehabt habe, antwortete er wie aus der Pistole geschossen: „Nein. Niemals.“ Ich erschrak über diese Glaubensgewissheit. Mein Gott. Selbst Jesus fehlte sie, als er in Todesnot rief: „Eli, Eli, lema sabachtani?“ – „Mein Gott, mein Gott, warum hast Du mich verlassen?“(Mt 27,46)

Die großen Heiligen von Teresa von Ávila bis Mutter Teresa wurden von Zweifel geplagt. Jakobs nächtlicher Ringkampf mit Gott endet mit der verzweifelten Bitte: „Ich lasse dich nicht, du segnest mich denn!“ Das ist allzeit das Gebet der Gottsucher. Vielleicht kommen sie näher an IHN heran als alle, die glauben, dass sie ihn fest im Besitz hätten. „Meine“ Heiligen sind alles „Gottesringer“ wie Jakob, selbst wenn sie sich dabei wie dieser selbst eine lahme Hüfte geholt haben.

Was ist das für ein Glaube, der nie von irgendeinem Zweifel angefressen wird? Aber selbst für diesen „zweifelhaften“ Glauben sind Menschen in den Tod gegangen. Ob zwei mal zwei vier ist oder fünf, dafür ist meines Wissens noch niemand gestorben. Es gibt eben Wahrheiten, für die seine Existenz aufs Spiel zu setzen sich nicht lohnt. Die mathematischen gehören beispielsweise dazu – die religiösen nicht.

Das verpflichtet uns dazu, mit respektvoller Behutsamkeit miteinander umzugehen, wenn wir über Gott streiten.

Ich vermute, Ihre Briefe bringen mich auf Fragen, die zu stellen ich mich gar nicht so recht traue, vielleicht aus Bequemlichkeit, Ängstlichkeit oder Dummheit – wie auch immer. Ich bin gespannt. Wie wird das alles enden mit unserem Briefgespräch und überhaupt ...?

Seien Sie gegrüßt
von Ihrem Expeditionsgefährten
Norbert Blüm

5. Dezember 2011

Lieber Norbert Blüm,

Sie haben recht: Der Tanz um das goldene Kalb der Belanglosigkeiten, das Breittreten des Quarks um Stars und Sternchen, aber auch das kurzatmige Twittern und gedankenarme Posten – all das braucht doch, wenn es denn schon sein muss, Gegengewichte. Das ist das eine.

Und das andere ist, wie schon gesagt, dass eine Gesellschaft, die sich ihrer Toleranz und Aufgeklärtheit rühmt und zu Recht immer wieder aufgefordert wird, ihre christlichen Wurzeln nicht aus dem Blickfeld zu verlieren, sich nahezu lächerlich macht, indem sie die Kardinalfrage nach der Existenz Gottes auf den Index der unerwünschten Themen setzt.

Es ist wahr: Da bin ich hartnäckig, denn da gehört sie nicht hin, aus vielerlei Gründen. Einen davon liefert meine lebhafte Erinnerung aus Kindertagen, wie mich die Geschichte von des Kaisers neuen Kleidern beeindruckt hat: jene Parabel vom Volk, das am Straßenrand einem nackten Herrscher zujubelt, weil die Parole ausgegeben worden war, er trage die denkbar prächtigsten Gewänder. Schließlich handelt die lehrreiche Geschichte von der Macht des Konformismus, und der ist fraglos ein Menschheitsphänomen erster Güte. Und womöglich sollten wir den Text sogar so lesen, dass zumindest bei manchen dieser Jubler der Herdentrieb derart stark ausgeprägt war, dass er sie blind machte für die Wirklichkeit – und sie tatsächlich kostbare Textilien wahrnehmen ließ, wo nichts anderes war als blanke Herrscherhaut.

Um nicht missverstanden zu werden: Ich sehe mich nicht in der Rolle des unerschrockenen Kindes, das in Andersens Märchen dem Spuk ein Ende macht mit seinem Weckruf, Seine Majestät sei doch nackt; ebenso wenig stelle ich die

Gläubigen in die Ecke tumber Claqueure. Und doch will und kann ich nicht umhin, die Frage aufzuwerfen, ob der Gläubige dem Glauben an den ganz und gar Unwahrscheinlichen nicht vor allem deshalb anhängt, weil unzählige andere eben dies tun und taten. Schon Sigmund Freud hat darauf hingewiesen, dass Menschen von sich aus, also ohne entsprechende Unterweisung, wohl schwerlich auf die Idee vom Gott der Christen verfallen würden. Und so schwimmen Unzählige mit im Strom der Überlieferung. Der Atheist steht am Ufer und denkt sich, was wohl geschähe, wenn sie wenigstens gelegentlich herausklettern und aus der Distanz betrachten würden, was sie da eigentlich tun.

Aber ich weiß, wie schwer sich viele, ja sogar die allermeisten Christen damit tun. Kritik, Einwände, schon der Versuch, neuralgische Stellen in dem Glaubensgebäude auch nur anzusprechen, in dem es sich so viele schweigend bequem gemacht haben – ganz überwiegend unerwünscht, weil befremdlich. Das Maß der Abwehr, das gläubige Mitmenschen an den Tag legen, hat mich doch nachdenklich gemacht. Erst recht, seit ich vor einigen Jahren ein Buch mit dem Titel *Ach, der Himmel ist leer* geschrieben und die seltsamsten Reaktionen darauf bekommen habe. Das Leitmotiv: Wer Gott und Glaube nicht besingen will, der soll auch nicht dran rühren.

Sie haben ganz recht: Ihre Vision von unserem einsamen Rasen durch den Kosmos, von unserem spurenlosen Verglühen, das ist wahrlich „kein schöner Gedanke“. Und das ist noch untertrieben: Man könnte ihn auch grässlich nennen und grauenvoll.

Aber darf es denn für unser Thema eine Rolle spielen, ob ein Gedanke „schön“ ist?

Eigentlich wohl kaum. Jedenfalls dann, wenn man wenigstens den Versuch unternehmen will, herauszufinden, wie sich die Sache mit Gott wirklich verhält. Wenn einer Beschwerden spürt, zum Arzt geht und nach der Untersuchung verlangt: „Herr Doktor, sagen Sie mir, was los ist, ich möchte es wissen", ist es zwar menschlich verständlich, wenn er eine fatale Diagnose dann doch nicht wahrhaben will. Aber Konsequenz könnte man ihm wohl kaum bescheinigen, und auch sein Mut hätte sich als etwas maulheldenhaft erwiesen.

Gewiss, es fällt schwer, die Frage nach der Existenz Gottes radikal zu trennen von all dem, was der Glaube tröstend, wärmend, stützend und Orientierung bietend bereithält. Das zeigen unzählige schriftliche und mündliche Äußerungen von Gläubigen, Laien wie Kirchenleuten, die die heikle Existenzfrage entweder gleich weiträumig umfahren oder aber sie zu beantworten versuchen, indem sie sogleich auf die vielfältigen Segnungen von Religion zu sprechen kommen. Nur begehen sie damit einen schweren Denkfehler, und ich schlage vor, dass wir beide diesen Fehler zu meiden versuchen, so gut es eben geht.

Als früherer Gläubiger weiß ich ja, wovon ich rede. Noch heute treibt mir ein machtvolles „Te Deum" unvermeidlich die Tränen in die Augen, und wenn frommen Menschen die letzte Stunde schlägt und sie sie erleben voll hoffenden Vertrauens darauf, dass sich erfüllen werde, was ihnen ihr Glaube verheißen hat, so ist das zweifellos beeindruckend auch für unsereinen. Und warum verhehlen, dass ich solche Menschen dann um diesen Glauben beneide?

Und doch bin ich überzeugt, dass sie sich irren, so wie viele Milliarden Menschen vor und nach ihnen. Freilich enthält ihnen der Tod diese Erkenntnis vor. Das Nichts, das dem Leben folgt, ist eben dies, im Wortsinne. Von jener totalen Leere ist außer Ruhe nichts zu erwarten, sie hält keinerlei Aufschluss bereit für die Toten, keine Lektion, kein Aha-Erlebnis. Ganz gleich, ob sie gläubig waren oder un- oder andersgläubig oder gleichgültig.

Und um das Selbstverständliche hier gleich vorwegzunehmen: Natürlich *weiß* ich nicht, ob ich recht habe, wenn ich sage, dass nach dem Tod nichts kommt. Insofern *glaube* auch ich. Nur ist es leider ein verbreiteter Unfug, die unterschiedlichsten Überzeugungen als irgendwie gleichwertig einzustufen, nur weil sie Überzeugungen sind, also kein beweisbares Wissen. Kein vernünftiger Mensch verfällt beispielsweise auf die Idee, die politischen Ansichten des Norbert Blüm auf dieselbe Stufe zu stellen wie die eines rassistischen Demokratieverächters und Verschwörungstheoretikers, nur weil der eine seine Position ebenso wenig *beweisen* kann wie der andere. Aus gutem Grund: Es gibt nun mal Annahmen und Argumente von sehr unterschiedlicher Qualität. Ich würde ja auch Ihnen, lieber Herr Blüm, ohne Weiteres zugestehen, dass Ihr Glaube, so unwahrscheinlich er ist, um einiges mehr für sich hat als beispielsweise die Annahme der Hindus, der Himmel werde bevölkert von vielen tausend mehr oder weniger exotischen Göttern und göttlichen Zwitterwesen. Aber ich will auf diesen zentralen Aspekt unseres Themas weiter unten zurückkommen.

Gegenüber jener „ersten theologischen Frage" nach der Existenz Gottes, wie Sie schreiben, ist tatsächlich alles andere wichtiges Beiwerk, und gewiss sieht das Leben anders aus, wenn es so etwas wie Gott gibt, als wenn es ihn nicht gibt. Da stimmen wir überein. Etwas nervös macht mich aber Ihre Aufforderung, Sie gefälligst in Ruhe zu lassen, wenn ich mir sicher sein sollte, dass er nicht existiert. Ich bin mir sicher, und zugleich kann ich nicht ausschließen, grandios falsch zu liegen. Weniger, weil ich meinen konkreten Einwänden nicht so recht über den Weg traute, sondern aus der allgemeinen erkenntnistheoretischen Einsicht – die ja seit Jahrtausenden ganze Armeen von Philosophen umtreibt –, dass der Mensch gut daran tut, auch das ihm Selbstverständlichste für fehleranfällig zu halten. Bekanntlich ist die ganze Menschheitsgeschichte unter anderem eine Ansammlung trügerischer Gewissheiten, die revidiert werden mussten oder deren Revision noch aussteht. Deshalb wäre es einigermaßen unvernünftig und hoffärtig, ausgerechnet für den eigenen Standpunkt Unfehlbarkeit zu reklamieren, und das auch noch auf dem wahrlich weiten Felde der Religion.

Trotzdem schlägt Ihre oben zitierte Aufforderung bei logischer Betrachtung einen etwas seltsamen Weg ein: Danach wäre es um die Möglichkeit eines fruchtbaren Dialogs über die Gottesfrage umso besser bestellt, je unsicherer ich mir meiner Sache bin. Eine solche Regel werden Sie aber wohl kaum aufstellen wollen. Weiter hilft da, wie so oft, die psychologische Betrachtung. Die lässt mich ahnen, dass Sie, weil Sie von wiederkehrenden Zweifeln heimgesucht werden, keinen gottlosen Widerpart brauchen können, der auf dem hohen Ross einer sogenannten absoluten Wahrheit einherreitet – und obendrein Gläubigen wie Ihnen gelegentlich zuruft, sie seien leider wahlweise unterbelichtet und/oder korrumpierbar, eben wie die Untertanen jenes Kaisers. Aber keine Sorge: Weder habe ich die Absicht, mich so aufzuführen, noch denke ich so.

Mit dem ungestümen Temperament des bekennenden Gottesleugners würde ich Ihnen an dieser Stelle gern ein erstes der wesentlichen Argumente für die Nichtexistenz des Schöpfers auftischen. Ich sollte das aber wohl noch zurückstellen, weil Sie mir mit zweierlei gekommen sind: mit der Bibel und mit Ihrem Vertrauen. Da geraten wir in aller Freundschaft über Kreuz. Um mit dem Vertrauen zu beginnen: Dass Sie es Ihrem Hausarzt entgegenbringen, einer Boeing und noch nachträglich der Wahl Ihrer Partnerin, ist schlicht vernünftig. Der Arzt versteht nämlich vermutlich einiges von Medizin und hat Ihnen hoffentlich schon ein paar Mal mit seinem Wissen geholfen, bis jetzt sind Sie wie etliche Milliarden andere Flugzeugbenutzer immer heil gelandet, und auch die Ehe von Herrn und Frau Blüm war eine Erfolgsgeschichte. Mit einem Wort: Überall haben Sie Erfahrungen gemacht, auf die Sie guten Gewissens Ihr Vertrauen stützen dürfen.

Mit Gott liegen keine derartigen Erfahrungen vor – erst recht keine aus dem Alltag, solche, die zuverlässig und immer wieder gemacht werden.

Wäre es anders, dann brauchten wir unseren Briefwechsel nicht zu führen, dann gäbe es den Atheismus nicht und die Skeptiker und die Agnostiker. Und Sie hätten nicht manchmal Ihre Zweifel.

Wer hier einwendet, letztlich sei es eben Gott, der ihn gesund werden lässt, vor Unheil bewahrt und mit privatem Glück beschenkt, mag sich ja wohlfühlen damit. Nur ist auch dieser Einwand methodisch ein Sündenfall. Mitten im Versuch, herauszufinden, wie es sich wirklich verhält, kann man nicht unterstellen, was sich doch bestenfalls am Ende herausstellen soll: dass Gott überhaupt existiert.

Zur Bibel: Insbesondere das Alte Testament weckt in mir vor allem anderen die staunende Frage, wie eine solche Textsammlung es zu diesem Ansehen bringen konnte. Dass sie poetische Passagen ebenso aufweist wie solche von philosophischer Tiefe, Lebensweisheit und ethische Impulse – das alles und noch anderes Erfreuliches sei sogleich zugestanden. Aber die zahllosen oft banalen und nicht selten kriegerisch-grausamen Erzählungen oder die unendlich vielen Belege für eine elende Moral ihres göttlichen Hauptakteurs – niemals ließen wir sie unsereinem durchgehen – stoßen mich ab. Vor allem aber: Dieses Buch ist viel zu sehr ein Märchenbuch. Sobald es relevante Tatsachen zu beschreiben vorgibt, also schildert, wie der Herr die Welt schuf oder zu den Seinen sprach, sinkt der Wahrheitsgehalt gegen Null. Nehmen Sie, lieber Norbert Blüm, denn beispielsweise an, dass solche Wortwechsel wie der von Ihnen zitierte zwischen Jahwe und Moses tatsächlich stattfanden? Abgesehen davon, dass die historische Existenz des Mose fast so umstritten ist wie die seines Gesprächspartners: Wieso messen wir im 21. Jahrhundert, zweihundertfünfzig Jahre nach der gewiss fehlerbehafteten Aufklärung, solchen Früchten menschlicher Einbildungskraft und Produkten theologisch-politischer Kämpfe ein derartiges Gewicht zu? In Wahrheit haben wir da doch nichts anderes vor uns als menschengemachte Literatur, mit Licht- und Schattenseiten. Aus christlicher Sicht aber soll das eine Heilige Schrift sein, eine Offenbarung Gottes, bei der auf geheimnisvolle Weise der Heilige Geist tätig war. Dieser Anspruch ist eine unerhörte Zumutung.

Und schließlich: das Bild von einem Gott, der so ganz anders sein soll, als wir uns ihn vorstellen und vorzustellen vermögen. Immerhin, auch das ist ein Konstrukt, aber eines, gegen das man wenig bis nichts vorbringen kann. Nur: Ein Gott, über den ich nichts „weiß", der macht nicht heiß – mich nicht und wohl auch sonst niemanden, auch den Norbert Blüm nicht. Vielleicht wärmt diese Idee ein ganz kleines bisschen, weil man so weiter von Gott sprechen kann, ohne in jene Kalamitäten zu geraten, in die unvermeidlich gerät, wer als gläubiger Mensch auf diese Welt sieht, die doch seine Schöpfung sein soll.

Was aber nicht geht, wiederum aus methodischen Gründen, ist der Versuch, ihn, den man eben noch als großen Unbekannten in unzugänglicher Dunkelheit angesiedelt hat, durch die Hintertür zurückzuholen ins strahlende Licht der

Anbetung und Verehrung, indem man ihm dann doch wieder gewisse Attribute zuschreibt – natürlich nur angenehme, erbauliche, menschenfreundliche. „Gott ist die Liebe", sagt der gegenwärtige Papst, „Jahwe offenbart sich in der Stille", meint Norbert Blüm, und Hans Küng schrieb zu Beginn der 80er Jahre: „Ich glaube an den ‚lieben' Gott: den Gott der Liebe, der sich auf die Menschen, ihre Nöte und Hoffnungen vorbehaltlos einlässt, der nicht fordert, sondern gibt, der nicht krank macht, sondern heilt ..." In dem von Ihnen erwähnten Buch *Existiert Gott?*, das bei aller Gelehrsamkeit nicht nur Sie am Ende ratlos zurückgelassen hat, hatte derselbe Küng ein paar Jahre zuvor mitgeteilt, Gott sei „durch keinen Begriff zu begreifen ... durch keine Definition zu definieren, er ist das Unbegreifliche, Unaussagbare, Undefinierbare".

Der Glutkern des Glaubens ist aber nicht die vage Hypothese vom ganz anderen Gott, sondern die vitale Hoffnung auf einen, der mit genau jenen Eigenschaften ausgestattet ist, die wir so sehnlich für ihn wünschen, in unserem Interesse – dass er seine Schöpfung liebt, dass er so mächtig ist, wie das Gute eben sein soll, und dass er alles weiß. Denn niemand betet zum großen Unbekannten, niemand dankt einem metaphysischen Anonymus für Rettung aus Krieg, Krankheit oder Bergnot, niemand schreibt einem Abgewandten, der Mose bestenfalls seinen Rücken sehen lässt – warum eigentlich steht gleich wieder die Todesstrafe auf dem Anblick des Herrn? –, die Absicht zu, uns mit einer Rose zu beglücken oder mit einem Kinderlachen.

Dem Glauben an diesen *ganz anderen Gott* hängt wahrscheinlich kaum jemand ernsthaft an. Und wenn doch, dann hängt er ganz gewiss sein Herz nicht an ihn.

Wie angekündigt, will ich hier noch einmal das immergrüne Thema „Beweise in Glaubensdingen" aufgreifen. Aus leidvoller Erfahrung weiß ich, dass dieses Nebenthema für unser Hauptthema ungemein wichtig ist, denn es beherrscht die Köpfe der Menschen im Zusammenhang mit Gott und Glaube. Sobald, was ja selten genug geschieht, in unseren Breiten die Rede darauf kommt, wird geradezu reflexhaft das Fehlen von Beweisen hervorgehoben. Und zwar für gewöhnlich zu dem Zweck – bewusst oder unbewusst –, jegliches Debattieren darüber für einigermaßen fragwürdig zu erklären oder womöglich sogar für sinnlos.

Das macht die Ungeübtheit im Nachdenken über solche Fragen sichtbar und die religiöse Verklemmtheit.

Es werden nämlich zweierlei Maß angelegt: Der Sonntag, an dem ich dies schreibe, ist der Tag des Volksentscheids über Stuttgart 21, und während die Baden-Württemberger zu den Urnen strömen, wird in ganz Europa, an Stammtischen ebenso wie in Politzirkeln und Vorstandsetagen, darüber debattiert, wie die Schuldenkrise gebändigt werden könnte und der Euro gerettet. Alles hochkontroverse Themen – das haben sie mit der Gottesfrage gemein. Aber wohl noch nie hat eine ernst zu nehmende Stimme im Diskurs über den Bahnhof der baden-württembergischen Landeshauptstadt oder über die Rettungsschirme der EU von der Gegenseite ultimative *Beweise* verlangt oder die Debatte für unzweckmäßig erklärt, weil keine zu erbringen sind, weder von der einen Seite noch von der anderen.

Nach Beweisen ruft alle Welt nur bei der Sache mit Gott. Und das ist doch höchst seltsam. Und aus dem Umstand, dass es sie auch hier nicht gibt, wird der Schluss gezogen, es wäre am besten, darüber kein Wort mehr zu verlieren. Und der ist töricht.

Weitaus sinnvoller wäre eine Verständigung über dieses Vorgehen: Wie immer, wenn ultimative Beweise nicht zu haben sind, kommt es auf gute Argumente an, auf Indizien, auf Plausibilitäten und auf einen Sockel leidlich gesicherter Tatsachen, die mit unseren Ansichten und Überzeugungen einigermaßen verträglich sein sollten. Dieses Vorgehen, das auf anderen Feldern ganz selbstverständlich praktiziert wird, wird künftig auch bei der Sache mit Gott nicht mehr verschmäht, sondern angewandt.

Und genau das wollen wir beide tun.

Herzliche Grüße
Ihr Peter Henkel

12. Dezember 2011

Sehr geehrter Herr Henkel,

ich war auf Ihren neuen Brief noch gar nicht richtig eingestellt, weil ich an Ihrem ersten noch kaue wie an einem Knochen, an dem es noch was abzunagen gibt.

Umso besser, auf ein Neues!

Als Erstes lese ich in Ihren lebhaften Erinnerungen aus Kindertagen, dass das Märchen von des Kaisers neuen Kleidern eines Ihrer Lieblingsmärchen war.

Lieber Peter Henkel, da geht es Ihnen wie mir. „Des Kaisers neue Kleider ist eines von meinen beiden Lieblingsmärchen. (Das andere ist das „Tischlein deck dich, Esel streck dich, Knüppel aus dem Sack“. Es befriedigte meine frühkindliche Rachsucht, vor allem weil es den „Knüppel aus dem Sack“ sich auf dem Rücken des diebischen Wirtes austoben ließ, der die fleißigen Söhne um den Lohn ihrer Gesellenjahre gebracht hatte.)

Über den nackten Kaiser aber, der von allen ob seiner prachtvollen Gewänder bewundert wurde, habe ich gelacht wie bei keinem anderen Märchen. Es ist für mich die mahnende Erinnerung an die Eitelkeit des Mächtigen, die nicht zugeben wollen, dass sie für ihr Amt nicht taugen, und die Heuchelei des Volkes, das mitmacht, was alle machen, um nicht als dumm zu gelten.

Diese märchenhafte Übereinstimmung zwischen uns beiden ist doch auch etwas: eine Überraschung. Hoffentlich ist es nicht die letzte in unserem Briefverkehr.

Aber da hört es schon auf mit dem Konsens. Jesus eignet sich nur schwer für den Vergleich mit dem verschwenderisch-eitlen Kaiser. Man kann diesem Jesus viel nachsagen, aber Eitelkeit und Verschwendungssucht waren ihm fremd.

Jesus pries die selig, die arm im Geiste sind, und damit meinte er, wie ich vermute, nicht die eitlen Blender. Und Reiche waren ihm eher ein Graus als ein Objekt der Bewunderung: Eher werde ein Kamel durch ein Nadelöhr gehenls ein Reicher ins Himmelreich kommen, das war seine Botschaft, und die lässt sich schwerlich mit einem Reichtumsvermehrungs- und -verrechnungsprogramm verbinden.

Er, Jesus selbst, ist ein unter weltlichen Gesichtspunkten Gescheiterter. Er endet schließlich als „Verbrecher" am Kreuz – nackt, gedemütigt und gefoltert. Von Eitelkeit kann bei dem Mann mit der Dornenkrone keine Rede sein und von Verehrung wenig. Das Volk rief „Ans Kreuz mit ihm!" und zog den kriminellen Barnabas ihm vor, als Pilatus fragte, wen er freilassen solle. Bewunderung sieht anders aus.

Ihre Frage, „ob der Gläubige dem Glauben an den ganz und gar Unwahrscheinlichen nicht vor allem deshalb anhängt, weil unzählige andere eben dies tun und taten", beantworte ich mit dem Hinweis, dass gerade das Christentum als Religion der Außenseiter im Römischen Reich das Licht der Geschichte erblickte. Die Anhänger dieses Jesus von Nazaret taten eben nicht das, was die anderen „tun und taten".

Das Unternehmen Christentum war die Sache einer Minderheit. Es begann mit zwölf Aposteln, von denen einer sogar ein Verräter war. Keiner von ihnen war ein Gelehrter, ein Reicher oder sonstwie ein angesehener Mann.

Seine stärksten Inspirationen erfuhr das Christentum in der Verfolgung. Bis in die jüngste Zeit sind es die Märtyrerkirchen, die den Glauben nicht nur bewahrt, sondern oft mit neuer Kraft gestärkt haben. Jesus versprach seinen Jüngern nicht Erfolg, Glanz und Gloria, sondern Leiden und Verfolgung.

Sigmund Freud, auf den Sie verweisen, bestätigt das mit seiner Vermutung, dass „Menschen von sich aus, also ohne entsprechende Unterweisung wohl schwerlich auf die Idee vom Gott der Christen“ verfallen wären. Ja, das glaube ich auch. Recht hat er. Niemand wäre von sich aus auf diese Idee gekommen, dass ein Zimmermannssohn namens Jesus der Messias sei. Der Glaube an Jesus ist nicht von Menschen gemacht, sondern eine Offenbarung, also eine Mitteilung Gottes – wie ich glaube. Was Freud als Disqualifizierung ansieht, betrachte ich als Auszeichnung des Christentums.

Lieber Peter Henkel, keine Angst, ich will Sie ja gar nicht katholisch machen. Eigentlich machen Sie mich durch Ihre Briefe nachdenklicher, und vielleicht reinigen Sie gar meinen Glauben von Selbstverständlichkeiten, die gar keine sind. Denn Sie haben recht mit Ihrer Forderung, die Frage „nach der Existenz Gottes radikal zu trennen von all dem, was der Glaube tröstend, wärmend, stützend und Orientierung bietend bereithält“.

Denn der Glaube, der auf den Trost angewiesen ist, den ER spenden soll, ist ein Geschäft auf Gegenseitigkeit: Do ut des – Ich gebe dir Glauben, du gibst mir Trost.

Gott ist kein Geschäftspartner, und ER ist mir nichts schuldig. Das ist der Kern der lutherischen Gnadenlehre, die schon ein Jahrtausend früher Augustinus verkündet hatte. Jesus erklärte dies im neutestamentlichen Weinberg-Gleichnis (vgl. Mt 20,1–16). Entgegen allen gewerkschaftlichen Tarifforderungen erhalten dort die Weinberg-Beschäftigten, die in der letzten Arbeitsstunde angeheuert wurden, den gleichen Lohn wie die Arbeiter der ersten Stunde. Das ist ein eklatanter Verstoß gegen das Gebot „gleicher Lohn für gleiche Arbeit“.

Gott ist nicht so leicht berechenbar. Ist das deshalb ein willkürlicher Gott? Ich verstehe IHN oft nicht. ER bleibt für mich ein Unheimlicher. Aber willkürlich? Nein!

Gott in der Nacht: Dort, im Dunkel und im Nichts, haben die großen Gottsucher nach ihm gefahndet. – Die Gottessuche ist wie eine Expedition in ein schwer zugängliches Gebiet, zu dem Menschen aufbrechen und aufbrechen werden, solange es Menschen gibt und geben wird.

Vielleicht ist unser Briefwechsel, wenn er glückt, eine kleine Zwei-Mann-Expedition innerhalb der großen Suchaktion nach Gott.

Dafür, sehr geehrter Herr Henkel, müssen Sie Ihrerseits allerdings den Ballast jener Sicherheit abwerfen, mit der Sie die Existenz Gottes leugnen. Meine Empfehlung zur Unsicherheit hat ihren Grund aber nicht darin (wie Sie in Ihrer „psychologischen Betrachtung“ mutmaßen), dass ich „von wiederkehrenden Zweifeln heimgesucht“ werde und „deshalb keinen gottlosen Widerpart, der auf dem hohen Ross einer sogenannten absoluten Wahrheit einherreitet“ ertragen kann. Nein, Herr Henkel, so ist es nicht. Es ist viel einfacher.

Es ist nicht Psychologie, sondern vom gesunden Menschenverstand geprägte Erfahrung, dass man sich nicht auf eine Entdeckungsreise begeben sollte, wenn man sicher ist, dass es nichts zu entdecken gibt. Kein Kolumbus wäre unter dieser Bedingung ausgefahren oder hätte auch nur einen Matrosen mit dieser Gesinnung mitgenommen. Warum auch? Dieser Seemann wäre im besten Fall faul und im schlimmsten ein Störenfried gewesen. Ohne die Vermutung, dass es etwas zu finden gibt, was man nicht hat, macht sich niemand auf die Suche.

Sie, Herr Henkel, finden die Vorstellung, dass wir ohne Gott einsam durch den Kosmos rasen, „grässlich und grauenvoll“ – so wie ich auch. Ist in diesem Eingeständnis nicht doch ein unausgesprochenes Heimweh nach Gott enthalten?

Jean Paul lässt in seinem *Siebenkäs* den toten Christus vom Weltgebäude herab verkünden, „dass kein Gott sei“.

Und im „Vorbericht“ dazu sagt der Dichter: „... das ganze geistige Universum wird durch die Hand des Atheismus zersprengt und zerschlagen in zahlenlose quecksilberne Punkte von Ichs, welche blinken, rinnen, irren, zusammen und auseinander fliehen, ohne Einheit und Bestand. Niemand ist im All so sehr allein als ein Gottesleugner – er trauert mit einem verwaiseten Herzen, das den größten Vater verloren, neben dem unermesslichen Leichnam der Natur, den kein Weltgeist regt und zusammenhält, und der im Grabe wächset; und er trauert so lange, bis er sich selber abbröckelt von der Leiche.“ Der „tote Gott“ ist das Symbol des Nihilismus und das Erkennungszeichen einer hässlichen Welt!

Der „schöne Gedanke“, dass es Gott gibt, dem ich nachhänge, ist jedoch keine ästhetische Vorstellung, sondern entspringt einer existenziellen Sehnsucht nach Vollkommenheit, ohne die uns unsere Unvollkommenheit gar nicht auffallen würde. Ohne Vollkommenheit lässt sich keine Unvollkommenheit messen.

Vielleicht ist der „Mensch über dem Menschen“, also der „Übermensch“, wie ihn Nietzsche genannt hat, eine Alternative zum „Menschen unter Gott“. Dieser „Übermensch“ ist der gewaltige Feind aller Schwachen: „Die Schwachen und Missrathnen sollen zu Grunde gehn: erster Satz *unsrer* Menschenliebe. Und man soll ihnen noch dazu helfen. Was ist schädlicher als irgend ein Laster? – Das Mitleiden der That mit allen Missrathnen und Schwachen – das Christenthum ...“ (Nietzsche).

Das war die Regierungserklärung des „Übermenschen“. Nietzsche ist sein Prophet, und die „Herrenmenschen“ sind in der kranken Vorstellung Hitlers das Personal der von ihm angestrebten Weltherrschaft.

Jesus verkündete: Der Starke soll den Schwachen schützen. Nietzsche verkündete dagegen: Der Starke muss vor den Schwachen geschützt werden. Das war das Nietzschesche Vorprogramm des faschistischen Rassenwahns.

Die Gottlosigkeit zählt zu der großen Tragödie der Menschheitsgeschichte. Hinter der Leugnung Gottes liegt bisweilen eine versteckt-verzweifelte Anspannung zur Selbsterhöhung.

Dostojewski schließt seinen Roman *Schuld und Sühne* mit dem trotzigen, traurigen, tragischen Resümee: Rodion Raskolnikow erfährt noch nicht, begreift noch nicht, dass er sich nur dann retten kann, wenn er die Rechtfertigung durch die Liebe zu sich selbst nicht nur zu einer sozialen, moralischen, philosophischen Rechtfertigung macht, sondern auch zu einer religiösen. Raskolnikows trotzige Selbstanbetung ist kein Sozialprogramm, sondern die Religion des selbstsüchtigen Herrenmenschen.

Lieber Peter Henkel, Ihr Brief hat mich „gerührt“ – nicht in einem sentimentalen Sinne, sondern in dem Sinne, dass mich die Ernsthaftigkeit Ihres Ringens mit dem „Phänomen Gott“ beeindruckt hat. Ich fürchte, da bleibe ich mit meinen Gewissheiten, in denen ich mich seit über 70 Jahren häuslich eingerichtet habe, hinter Ihnen weit zurück.

Lieber Herr Henkel, stellen Sie das Licht Ihrer religiösen Begabung nicht unter den Scheffel! Wären Ihr Unglaube und mein Glaube so unerschütterlich, dann erübrigte sich ein Briefwechsel zwischen uns. Er wäre vergebliche Liebesmüh’, ganz überflüssig. Es genügte dann eine wechselseitige Mitteilung als Austausch unserer Standpunkte – es sei denn, wir wollten uns gegenseitig missionieren. Dann allerdings wäre dieser Briefwechsel nur ein „Eroberungsversuch mit anderen Mitteln“. Das wollen wir beide nicht – da bin ich mir sicher.

Ich will Sie ja nicht quälen. Aber Ihre Gottlosigkeit ist so „erschütterlich“ wie meine Gottgläubigkeit. Unser beider

Lage ist doch verzwickt. Sie sagen es so schön: „Ich bin mir sicher, und zugleich kann ich nicht ausschließen, grandios falsch zu liegen." Und ich versuche, mit großen Heiligen zu beten: Herr, ich glaube, hilf meinem Unglauben.

Den großen Gottesleugnern, die im Namen der Wissenschaft die Gottesfrage erledigen wollten, erteilen Sie doch selbst eine Absage: „Bekanntlich ist die ganze Menschheitsgeschichte unter anderem eine Ansammlung trügerischer Gewissheiten, die revidiert werden mussten oder deren Revision noch aussteht." Ich stimme Ihnen zu.

Die Naturwissenschaftler, die sich zu Beginn des vergangenen Jahrhunderts ausersehen sahen, die Gottesfrage endgültig zu erledigen, und glaubten, mit der naturwissenschaftlichen Auflösung von Haeckels „Welträtseln" die Religionsfrage ein für allemal beantwortet zu haben, kochen inzwischen auf kleiner Flamme, ja im Topf ist schon kein Wasser mehr. Die Wahrheiten, durch die die Wissenschaften die Glaubensgewissheiten ersetzen wollten, werden ständig revidiert.

Kopernikus, Galilei, Newton, Einstein, Darwin, Mendel ... alle Namen, die einst mit dem „letzten, endgültigen Stand des Wissens" verknüpft wurden, lieferten nicht der Weisheit letzten Schluss. Alles „letzte Wissen" entpuppte sich schließlich als vorletztes. Für manche Phänomene benutzt die Wissenschaft sogar zwei gegensätzliche Erklärungsversuche, wie beispielsweise für die Natur des Lichts, das sowohl als Welle wie als Teilchen beschrieben werden kann und je nach der Fragestellung einmal so und ein andermal so erklärt wird.

Ein so kluger Mann wie Niels Hendrik David Bohr, Nobelpreisträger für Physik und Entdecker der Kernspaltung des Urans, hatte über der Tür seines Labors ein Pferdehufeisen befestigt. Er war weder gottgläubig noch abergläubisch. Aber man kann ja nicht wissen, ob es doch was nutzt, bemerkte der Schalk. Schaden kann's jedenfalls nicht, meinte der Rückversicherer. Also absolut sicher war sich der große Professor Bohr im Geheimen wohl auch nicht.

Nein, die Wissenschaft taugt nicht als Glaubensersatz. Ihre Gewissheiten sind allesamt so wackelig wie der Glaube. Die Basis des wissenschaftlichen Fortschritts sind Hypothesen, die dann den Stoff für die nächsten Hypothesen liefern, die die früheren weiterführen oder annullieren. Kein wissenschaftlicher Beweis taugte bisher als absoluter Gottesbeweis, aber auch keiner zur Widerlegung Gottes.

Die Gottesbeweise haben eine lange, von Zweifeln begleitete Tradition. Denn „wenn Gott größer ist", kann er nicht vom Kleineren bewiesen werden. Und paradoxerweise haben Menschen ausgerechnet mit dieser Erkenntnis versucht, IHM auf die Spur zu kommen.

Anselm von Canterbury, der als Vater der Scholastik gilt, trieb diesen Ansatz des Gedankens bis zum Äußersten: Weil der Vernunft die Idee eines denkbar höchsten Wesens eingegeben sei, müsse es dieses höchste Wesen auch geben. Denn wenn es nur in Gedanken existieren würde, dann wäre es nicht das höchste Wesen, weil es dann noch von jenem Wesen übertroffen würde, das zu dem Denkbaren das Wirkliche hinzufügt. Deshalb verlange die Idee des höchsten Wesens, dass es nicht nur in der Vernunft, sondern auch in der Wirklichkeit gegeben sei.

Schon seinerzeit widersprach der Mönch Gaunilo dem kühnen Gedanken Anselms von Canterbury. Denn wer sich eine vollkommene Insel denke, beweise damit nicht, dass es sie auch gebe. Siebenhundert Jahre später wiederholte Immanuel Kant den Einwand des Mönchs, dass der Begriff einer Sache nicht ihre Existenz beweise. „Wenn ich mir 100 Taler denke, sind sie deswegen noch nicht da." (Oder im Originalton: „Aber in meinem Vermögenszustande ist mehr bei hundert wirklichen Talern, als bei dem bloßen Begriffe derselben (d. i. ihrer Möglichkeit).“) Das war der Gegenbeweis des großen Kant aus Königsberg.

Doch so leicht lässt sich Anselms Gottesbeweis nicht aus dem Feld schlagen. Die Idee Gottes ist nämlich von anderer theoretischer Beschaffenheit als die Vorstellung einer Insel und der Gedanke an hundert Taler. Die Insel ist begrenzt und zufällig, sie könnte auch nicht sein – so wie ich mit den hundert Talern, die ich mir vorstelle, noch nichts bezahlen kann.

Die Idee einer absoluten Vollkommenheit ist kein Begriff des alltäglichen Denkens, sondern der menschlichen Natur eingegeben. Jedenfalls war der Mensch seit dem Moment kein Affe mehr, an dem er sich als *homo religiosus* empfand und sich mit dem Leben nach dem Tod beschäftigte. Kein Tier ist jemals auf den Einfall gekommen, seine Angehörigen zu bestatten, weil es etwa geglaubt hätte, dass mit dem Tod nicht alles vorbei sei. Die Menschwerdung des Menschen vollzog sich in der Erkenntnis, dass es noch etwas Größeres gibt, das ihn transzendiert. Diese Einsicht verdankt der Mensch nicht seiner diskursiven Vernunft, sondern seiner intuitiven, deren Potenzial möglicherweise in unserem Gehirn noch lange nicht erschöpft ist. In der Aktivierung jener Energien sind vielleicht die Mystiker den Rationalisten voraus. Ich weiß es nicht.

Gott ist jedenfalls keine reine Gedankensache. „Das Herz hat seine Gründe, die der Verstand nicht kennt“, beschrieb Blaise Pascal, Mathematiker und Religionsphilosoph, die spezifische Art seiner Glaubenserkenntnisse. Wir erfahren IHN existenziell im Glauben. Und dieser Glaube ist im geglückten Fall ein Lebenselixier, das uns über uns hinaustreibt – in Richtung auf ein Vollkommenes, an dem wir teilhaben.

Der Mensch ist eine exzentrische Existenz. Er ist ein offenes Wesen, das sich selbst übersteigen will. Im Unterschied vom Tier ist er nicht immer bei sich. Es treibt uns über uns hinaus in eine nie erreichbare „Vollkommenheit". Das ist ein anderes Wort für Gott. Denn das Vollkommene ist keine Sache, sondern eine Person.

„Unruhig ist unser Herz, bis es ruht in Dir", das ist das augustinische Gebet der Sehnsucht, Gott näher zu kommen.

Wenn Camus behauptet, die Frage „Selbstmord – ja oder nein?" sei die einzige philosophische Frage, die es lohnt, gestellt zu werden, dann erwartet er nicht eine gewusste Antwort, sondern eine existenzielle.

Sartres hochmütige These „Der Mensch, das ist seine Wahl" ist *auch* ein Hinweis auf den Entscheidungscharakter unseres *Glaubens*.

Diese existenzielle Wahrheit kommt möglicherweise in den „Grenzsituationen" (Jaspers) unseres Lebens dringlicher zum Vorschein als im alltäglichen Handeln und Wissen. Deshalb sind die extremen Herausforderungen vermutlich die eigentlichen Bewährungsproben für Glaube und Unglaube. „Wie es mit uns steht", das erfahren wir erst in Situationen, in denen uns niemand vertreten kann, weil wir sie allein, ohne Verweis auf etwas Äußeres, meistern müssen. Erst dann entscheidet sich, ob wir gläubig oder ungläubig sind.

Meine Großmutter Lieschen beispielsweise, die mich, solange ich Kind war und sie lebte, immerfort mit frommen Sprüchen und Ermahnungen traktierte und drangsalierte, die frömmste Frau weit und breit, eine zuverlässige Kirchgängerin (noch auf dem Sterbebett versprach sie mir eine Wallfahrt nach Kamp-Bornhoven) und außerdem noch gutmütig zu jedermann und eine mutige Nazigegnerin – mit anderen

Worten: Oma war eine Frau aus jenem Holz, aus dem Heilige geschnitzt werden. Dieses gottesfürchtige Lieschen erhob sich in ihrer letzten Nacht vom Sterbebett, wimmernd vor Schmerzen – sie hatte Leberkrebs – und … verfluchte lauthals Gott. Schaudern und Grauen ergriff uns, die wir bei Kerzenschein ums Bett herumsaßen und beteten, darunter ich als elfjähriger Bub. Schwere, ja unflätige Vorwürfe schleudert sie Gott entgegen und war nicht zu beruhigen. Sie hielt Gericht über Gott, schrill schreiend, schonungslos. – Seine Existenz aber hat sie nicht bestritten.

Nun bin ich schon über das Lebensalter hinaus, in dem sie starb. Und jetzt, erst jetzt, kommt mir meine kleine Oma Lieschen vor, als gleiche sie dem großen Hiob. Wie „der untadelige und rechtschaffene Mann aus dem Lande Uz mit Namen Ijob" (vgl. Ijob 1,1) verstand das fromme Lieschen den gerechten Gott nicht mehr. In ihrem Aufstand sehe ich die Rebellion der Menschen, die Gott nicht verstehen und doch wissen, dass es ihn gibt. Ihn nicht verstehen und doch an ihn glauben, das ist die Tragödie der Gottesfürchtigen, die es schwerer haben als die Gottlosen.

Hiob wie meine Oma suchten nicht den bequemen Ausweg und leugneten Gott. Das hätte ihnen ihr Schreien und Gott peinliche Fragen erspart. Nein, Hiob und Lieschen forderten Gott in die Schranken. Rechenschaft verlangte meine Oma: Warum diese Schmerzen? Doch sie hielt an Gott fest, wie Hiob. Feig war sie nicht, die kleine, zierliche Oma. Sie wählte nicht die Flucht, sondern das Standhalten.

Es klingt im Nachhinein, sehr verehrter Herr Henkel, vielleicht ein bisschen irre, wenn ich Ihnen anvertraue, dass ich in jener schrecklichen, grotesken Sterbenacht keine Sekunde daran gezweifelt habe, dass es Ihn (siehe oben) gibt, mit dem meine Oma verzweifelt gerungen hat.

Ganz zuletzt, in der letzten Stunde, verwandelte sich Lieschens schmerzverzerrtes, wildes Gesicht. Ganz still wurde sie, ihr Antlitz wurde mild, fast mädchenhaft zart. Sie legte ihre abgemagerten Hände gottergeben auf die Decke … und ihr letzter Atemzug klang fast, als wäre sie erleichtert.

Vielleicht hat ER ihr in der letzten Stunde doch noch alles erklärt. Und vielleicht hat ER, der große Gott, sogar Respekt vor meiner kleinen Oma, die es IHM und sich nicht leicht gemacht hatte mit dem Glauben.

Was soll ich noch sagen …

Mit herzlichem Gruß
Ihr Norbert Blüm

Stuttgart, 15. Dezember 2011

Lieber Norbert Blüm,

der Schluss Ihres Briefes macht es fast unmöglich, darauf die passenden Worte zu finden. Ich zumindest bin nicht besonders gut darin. Jedenfalls kann ich mir vorstellen, welch bleibenden Eindruck eine solche Nacht bei einem Elfjährigen hinterlässt. Und natürlich weiß ich, dass unzähligen anderen Menschen ihr Glaube ein Halt war im Leben wie im Sterben, einer, den sie bis zum Ende nie und nimmer losließen. Das kann uns Atheisten entgegengehalten werden, wenn wir Dispute über die religiöse Kernfrage anzetteln. Ihr könnt doch den Leuten nicht ihren Trost madig machen oder sogar rauben, heißt es dann. Der Einwand ist zunächst völlig legitim. Aber können oder sollen wir daraus tatsächlich die Schlussfolgerung ziehen, die Frage nach Gottes Existenz zum Tabu zu erklären? Ich meine nicht, und zwar aus einer ganzen Reihe von Gründen. Und hinter der übernächsten Ecke lauert der Vorwurf der Besserwisserei. Die sterbende Großmutter ringt schreiend mit ihrem Gott, und der Gottlose kommt mit seinen blutleeren Abstraktionen daher. Auch das muss ich mir entgegenhalten lassen.

Und doch: Es hilft ja nichts.

Unsere Absicht ist ja, darüber zu streiten, ob so etwas wie Gott überhaupt existiert. Dass Ihre Großmutter an ihn glaubte, dass ihr dieser Glaube vielleicht so wichtig war wie sonst nichts in ihrem Leben, dass sie trotz ihres Aufbegehrens und Anklagens an diesem Glauben festhielt bis zum letzten Atemzug, ist bewegend und gar nicht anzuzweifeln. Aber das alles macht das Vorhandensein dieses ganz und gar unwahrscheinlichen Gottes nicht wahrscheinlicher.

Sie schreiben: „Ihn nicht verstehen und doch an ihn glauben, das ist die Tragödie der Gottesfürchtigen, die es schwerer haben als die Gottlosen." Hat der Gläubige einen Anlass, mit seinem Gott zu hadern, mag das stimmen. Andererseits: „Nie kann ich tiefer fallen als in Gottes Hand" – wer das ernsthaft glaubt, der hat ja eine gar nicht hoch genug einzuschätzende Stütze, im Leben und erst recht im Sterben.

Ihre Großmutter scheint im Frieden mit ihrem Gott gestorben zu sein – wie unzählige andere Menschen. Aber auch jene zählen nach Millionen und Milliarden, denen das nicht vergönnt war, die diesen ihren Gott, an den auch sie bis dahin geglaubt und auf den sie gehofft hatten, verflucht und verworfen haben – in Schützengräben und auf Krebsstationen, in Todeszellen und Elendsquartieren, inmitten von Hunger, Flut und Not.

Sie werden mir zustimmen, dass es nicht sinnvoll ist, die einen aufzurechnen gegen die anderen.

Übrigens: Ihre Großmutter war immerhin am Ende eines langen Lebens angekommen. Das hätte meine Mutter gewiss auch gern geschafft. Sie war 53, als ich sie nachts beten hörte, Gott möge sie ihren vier Kindern erhalten – ein paar Monate später lebte sie nicht mehr. Ihr Mann war 16 Jahre zuvor gefallen, mit 34. Vermutlich hat er wie zig Millionen Soldaten aus allen an den zwei Weltkriegen beteiligten Ländern von Gott die Rückkehr zur Familie erbeten. Unzählige Male blieb diese Bitte ungehört und unerfüllt – weil da niemand ist, der sie erhören oder gar erfüllen könnte. Drei Monate nach dem Tod meiner Mutter starb einer meiner beiden Brüder, mit 21. Die Lähmung, die ihn schon seit mehr als einem Jahrzehnt ans Bett gefesselt hatte, ließ ihn qualvoll ersticken. Ich habe schon berichtet, wie sehr mir damals mein Glaube half. Als ich mich Jahre später allmählich von ihm abwandte, war ich kritischem Nachdenken gewiss zugänglicher, weil ich solch bittere Erfahrungen gemacht hatte.

Dass Welt und Leben, so schön und großartig sie sein können und sind, zugleich aber auch hart, grausam und sinnlos sein können und sind, wusste ich, und das war eben mehr als ein Schulbuchwissen. Trotzdem halte ich nicht viel davon, bei der Sache mit Gott die eigene Biographie so oder so ins Feld zu führen. Vorzeitiges Sterben von Angehörigen ist furchtbar und schmerzlich, aber weitaus schwerer wiegen die großen Menschheitskatastrophen, die Millionen hinwegraffen oder ins Elend stürzen. Deshalb wundere ich mich nicht wenig über jene gläubigen Mitmenschen, die erst anfangen, mit ihrem Gott zu hadern, wenn es sie selbst trifft. Die ratlos anklagende Frage „Warum ich?“ kann ja nur stellen, wer die zum Himmel schreiende Not unzähliger anderer nie wirklich an sich herangelassen hat.

Nach meiner festen Überzeugung gebietet es die intellektuelle Redlichkeit, Gott freizusprechen von der Verantwortung für irdisches Elend – durch die Annahme, dass er nichts anderes ist als ein Produkt menschlichen Denkens, Fühlens, Hoffens, anzutreffen allein in den Köpfen derer, die an ihn glauben.

Ich will an dieser Stelle den ersten meiner wesentlichen Gründe für diese Überzeugung nennen. So etwas wie der Gott der Christen (auch der Juden) existiert deshalb nicht, weil die ihm zugeschriebene Vollkommenheit sich nicht verträgt mit der offenkundigen Unvollkommenheit seiner angeblichen Schöpfung. Ich will hier noch gar nicht darauf hinaus, dass die Existenz eines allmächtigen, liebenden Schöpfers unter moralischen Aspekten kaum oder gar nicht vereinbar erscheint mit der leidvollen Mangelhaftigkeit irdischer Zustände, sondern zunächst auf die allein logisch begründete *These, dass aus einem vollkommenen Wesen nicht etwas Unvollkommenes hervorgehen kann.* Oder anders herum: dass selbst ein vollkommenes und allmächtiges Wesen nichts hervorzubringen vermag, was nicht schon irgendwie in ihm angelegt ist. Um es erneut zu betonen: Diese These hat zwar nicht den Rang eines Beweises, sie scheint mir aber von großer Plausibilität und beachtlichem Gewicht.

Der Ausweg, den die christliche Lehre weist, ist keiner. Denn auch die metaphorische Mär vom Sündenfall, mit dem der Mensch sein paradiesisches Dasein ruiniert und gewissermaßen den Startschuss gegeben haben soll für alles Un-Heil auf unserem Planeten, beseitigt das Problem nicht. Eine vollkommene Schöpfung kennt eben *per definitionem* nichts Böses und nichts Defizitäres – und deshalb auch keine Verfehlung und keine Versuchung, der der Mensch erliegen könnte. Wer diesem Dilemma zu entgehen meint mit dem Hinweis, dass der Mensch nun mal frei sei, frei eben auch zum Fehltritt, und zwar von Gott gewollt aus Respekt vor eben jener Freiheit, der macht gleich drei Fehler. Erstens opfert er dem Zeitgeist, denn die Idee der Freiheit spielte weder für die Autoren der Bibel noch in späteren Epochen eine nennenswerte Rolle und wird im Zusammenhang mit unserer Religion erst neuerdings Mantra-artig hochgerankt – und zwar, bewusst oder unbewusst, in der Absicht, den Gottesglauben aus argumentativer Bedrängnis herauszupauken. Zweitens vergisst oder unterschlägt das Hohelied auf die Freiheit, dass irdische Mängel und Not sehr oft gar nichts zu tun haben mit den Optionen und dem Versagen von Menschen, sondern ausschließlich oder ganz überwiegend mit der Natur. Und drittens, wiederum: Auch das Böse und Fehlerhafte, zu dem der Mensch sich frei entschließt, muss schon in der Welt gewesen sein; sonst läge es nicht in seiner Reichweite, und sein Entschluss, wenn er zu einem solchen denn überhaupt imstande wäre, ginge unvermeidlich ins Leere.

Schon allein aus diesem Grunde bleibt als einzige in sich widerspruchsfreie die Vermutung, dass Welt und Kosmos keinen göttlichen Verursacher besitzen, jedenfalls keinen im Sinne unserer abendländischen Religion. Eine Vermutung übrigens, lieber Herr Blüm, der Sie sich ja anschließen, sobald da nicht vom christlichen Schöpfergott die Rede ist, sondern von Wotan, Zeus, Brahman oder irgendeiner der anderen geheimnisvollen Mächte, denen Menschen in ihrem Glaubensdrang Herrscher- oder gar Erzeugerrollen zugeschrieben haben. Da auf einmal sind Christen ja auch so etwas wie Atheisten.

Aber ach, schon höre ich die Rufe, teils empörte, teils erstaunte, dass Religion doch keine Sache der Logik sei, der sogenannten *kalten Ratio*.

Nun sind zugegebenermaßen Vernunft und Logik ganz gewiss nicht alles, auch und meinetwegen gerade auf dem weiten Felde des Glaubens nicht. Aber wollen denn jene Hurtigen ihrem Bekenntnis wirklich nachsagen lassen, es sei un-logisch, es misshandle die Vernunft beziehungsweise brauche sich darum zumindest nicht zu scheren?

Übrigens: Ich für meinen Teil werde mich nur sparsam auf Autoritäten und große Namen berufen, weil sonst der Leser vor seinem geistigen Auge die Bücherregale sieht, die ihn zu erschlagen drohen. Ausnahmsweise also sei hier der gegenwärtige Papst ins Feld geführt, immerhin ein Theologe von Weltruf, der sich ein Leben lang verpflichtet sah, den Versuch der Versöhnung von Glaube und Vernunft zu unternehmen (dass er ihm aus atheistischer Sicht nie gelang, auch weil er gar nicht gelingen kann, steht auf einem andern Blatt), sowie der von Ihnen erwähnte Anselm von Canterbury. Der hat vor tausend Jahren der abendländischen Welt die Formel „fides quaerens intellectum“ beschert, also den Anspruch, Glaube zu gründen auf Erkenntnis und Einsicht.

Zu gewinnen sein sollten sie mithilfe der Vernunft – jener Instanz, die heute nur zu gern als entweder unzuständig oder als unzulänglich diskreditiert wird, sobald es um Religion geht. 250 Jahre nach der Aufklärung, man mag es kaum glauben, ist Vernunftverachtung eine Art Volkssport geworden.

Lieber Norbert Blüm, Ihr Satz „Wir erfahren IHN existenziell im Glauben" ist ein höchst problematischer, denn er dreht sich im Kreis. Was Sie eh schon glauben, erfahren Sie dann, und zugleich wird Ihre Erfahrung herangezogen, um Ihrem Glauben einen festen Boden zu verschaffen. Obendrein erscheint mir der Begriff des Erfahrens hier unangebracht. Er täuscht eine Sicherheit vor, die in diesem Bereich niemand haben kann. Der solide begründbare Verdacht des gottlosen Kritikers, dass die vermeintliche Begegnung mit IHM, die Gotteserfahrung, nichts anderes ist als Selbstgespräch, ist durch eine ehrgeizige Wortwahl nicht aus der Welt zu schaffen.

Verwundert hat mich das Missverständnis beim Märchen vom nackten Kaiser. Damit wollte ich natürlich nicht Jesus am Zeuge flicken, sondern auf den real existierenden Konformismus hinweisen, den ich bei vielen gläubigen Mitmenschen wahrnehme. Er zeigt sich unter anderem in ihren Immunisierungsstrategien, mit denen sie sich gegen kritische Einwände schützen. Meistens sind das so probate Mittel wie das Weghören oder das schlichte Ignorieren von unangenehmen Argumenten. Beispielsweise hat die einschlägige Forschung der letzten 250 Jahre zahllose Fakten und kritische Theorien über das Zustandekommen der biblischen Evangelien zusammengetragen, präziser: unendlich viele Hinweise auf Erfindungen und Fälschungen gefunden. Da frage ich mich, ob man es mit dem Wohlwollen – beinahe hätte ich gesagt: mit der Naivität – nicht übertreibt, wenn man wie Sie dessen ungeachtet ganz traditionell an Begriffen wie *Offenbarung* und *Mitteilung Gottes* festhält.

Stutzig macht mich da manches, unter anderem Ihr erneuter Appell an mich, die Existenz Gottes etwas weniger bestimmt zu leugnen. Schon aus Paritätsgründen möchte ich dem nicht folgen. Ich meinerseits käme nämlich nie auf die Idee, Ihnen zuzumuten, Ihren Gottesglauben ab und an ein bisschen zu relativieren oder wenigstens gemäßigter vorzutragen. Wir beide denken und fühlen nun mal so, wie wir es tun, und genau das bringen wir zum Ausdruck, mit unserer jeweiligen Entschiedenheit, mit unser beider Temperament. Meine Bereitschaft zum Dialog bleibt davon unberührt, ebenso meine Überzeugung, dass dieser Dialog sinnvoll und sogar notwendig ist. Die Parole kann nur lauten: Augenhöhe!, und der Sinn unserer Expedition ist in ihr selbst. Sie zu unternehmen, liegt Menschen in den Genen – auch wenn die allerwenigsten sich tatsächlich auf den steinigen Weg machen.

Ein Letztes, denn vieles von dem vielen, das Sie gestreift haben, werden wir an anderer Stelle ohnehin noch aufgreifen müssen. Es ist in unserem Zusammenhang von großer Bedeutung, denn es prägt den religiösen Diskurs, so rar und schmal der auch sein mag, enorm. Sie stimmen mir zwar zu, dass die Frage nach der Existenz Gottes radikal getrennt gehört von dem, was der Glaube Hilfreiches und Tröstendes zu bieten hat. Dann aber reihen auch Sie sich unter die vielen ein, denen es weniger darum geht, *ob ihr Glaube wahr, sondern wozu er gut ist.* Zu erkennen gegeben haben Sie das, vermutlich ungewollt, mit dem freimütigen Bekenntnis, dass Ihr „schöner Gedanke“ von Gott „einer existenziellen Sehnsucht entspringt“, und zwar derjenigen nach Vollkommenheit; Letzteres tut aber nichts zur Sache.

Das ist der *nervus rerum.* Jemand kann sich ein Haus wünschen und eben deshalb die Wirklichkeit verändern, sogar ein

Stück Wirklichkeit erschaffen, indem er sich eines baut oder kauft. Ob aber Gott existiert – oder nicht –, darauf hat kein Mensch auch nur den geringsten Einfluss. Und deshalb wandelt auf Irrwegen, wer Sehnsüchte entscheiden lässt, was er für real hält. Durst schafft nun mal kein Wasser herbei. Atheisten stehen aber immer wieder staunend vor diesem Phänomen: wie leichthin unsere gläubigen Mitmenschen ihr Credo damit erklären, wie sie es gern hätten.

Offen gestanden, kann diese eigentümliche Erfahrung den bewussten Gottesleugner zuweilen an den Rand heiligen Zorns bringen. Und zwar erst recht dann, wenn er wie ich jene Wünsche und Sehnsüchte selber teilt oder sie zumindest als verständlich begreift. Wieso, fragt sich der redliche Neinsager, ringt sich nur die kleine atheistische Minderheit zu der – oft auch für sie bitteren – Feststellung durch, dass das Wünschbare bei der Frage nach Gott gar nichts verloren hat, eben weil es nichts besagt darüber, wie es sich wirklich verhält?

Den Fehler, beide Sphären zu vermengen, treffe ich übrigens bei schlichten Gemütern ebenso an wie in den Werken großer Geister. Sehr oft in der Variante, dass nicht sein kann, was nicht sein darf. In dieser Lesart gäbe es ohne Gott keine Moral, hätte das Leben keinen Sinn, triumphierten Leere und Nihilismus. Oder, in der Blümschen Version: Ohne Gott würden wir ja letztlich einsam und allein durchs All rasen und spurenlos vergehen.

Das alles ist höchst unerwünscht. Es fröstelt mich wohl nicht weniger als Sie. Nur mache ich den nächsten Schritt nicht mit: Damit das alles nicht so ist, sondern schöner, besser, erträglicher, deshalb muss eben Gott her. Vielleicht mag es ein wenig helfen, sich diesen simplen Umstand ins Bewusstsein zu rufen: Die große Mehrheit der Menschen, die bisher diesen Planeten besiedelt haben, hat ohne diesen christlichen oder von christlichen Vorstellungen beeinflussten Gott gelebt und auskommen müssen. Sollte es denn um die Ich-Stärke von uns Heutigen schlechter bestellt sein?

Und so kommt es zu dem unerhörten Frevel, dass Atheisten zuweilen nicht bei dem offenkundigen Befund stehen bleiben, dass sie in Glaubensfragen eben anders denken und fühlen als ihre gläubigen Mitmenschen. In frechem Hochmut sorgen sie sich vielmehr um deren Kraft und Courage, einer Realität ins Auge zu sehen, die zugleich schön ist und grausam und meistens irgendetwas dazwischen.

Mit den freundlichsten Grüßen – und natürlich auch mit den herzlichsten Wünschen für ein besinnliches Weihnachtsfest – bin ich

Ihr Peter Henkel

Bad Ischl, 25. Dezember 2011

Lieber Norbert Blüm,

ich bitte um Nachsicht dafür, dass ich meiner jüngsten Epistel gleich eine kurze weitere hintendreinschicke. Aber Spontanes muss ja nicht unbedingt schaden. Außerdem: Wes das Herz voll ist, des fließt bekanntlich der Mund über. Und wo stünde geschrieben, die mit dem vollen Herzen dürften immer nur die Gläubigen sein?

Gestern, am Heiligen Abend, waren wir in unserer zweiten Heimat, in Bad Ischl, in der Pfarrkirche. Überfüllt mit tausend Leuten, darunter auffallend viele Jüngere. Das Salzkammergut ist eine ziemlich fromme Gegend. In schätzungsweise 96 von 100 Todesanzeigen heißt es hier mit der immer gleichen Standardformel, *Gott der Herr* habe den Verstorbenen *zu sich gerufen*.

In der ländlich geprägten oberösterreichischen Kleinstadt bietet diese Andacht, die sie *Christkindlsegen* nennen, dem gottlosen Zugereisten eine Lektion in Sachen Volksfrömmigkeit. Und wie sie genährt wird seit eh und je.

Im Sprechgesang trägt der Stadtpfarrer die Weihnachtsgeschichte vor, nach dem Evangelium des Lukas. Ohne diese zu Herzen gehende Erzählung täte sich die abendländische Religion um einiges schwerer, die Gemüter der Menschen zu erreichen. Zusammen mit all dem Drumherum dieser Tage muss (und soll) sie zumal auf Kinder bleibenden Eindruck machen. Aber auch die Erwachsenen sind ja eben deshalb hier: um einmal mehr diese vertraute, erhebende Geschichte zu hören, eine, die wahrlich keine Nebensächlichkeit enthält, sondern das, was den christlichen Glauben im Kern so anziehend macht: den Traum davon, dass das von Gott gewollte Gute die Oberhand behält über alles Böse, alles Elend, alle Not, alle Vergänglichkeit.

Leider ist die Geschichte falsch. Erfunden von A bis Z.

Was aber ist nun von einem Glauben zu halten, der die Menschen überzieht und lockt mit einem rührseligen Märchen? Von einer Theologie, die auf diese gezielt konstruierte Geschichte vom Gottessohn in der armseligen Herbergskrippe eine gewaltige Christ-der-Retter-ist-da-Mythologie türmt? Von einer Kirche, der auch vorsätzliches Irreführen und Ausnutzen der Arglosigkeit eines unwissenden Publikums als Mittel gerade recht sind? Von Gläubigen, denen es egal zu sein scheint, womit sie sich in eine feierliche Stimmung versetzen lassen?

Denn die Fakten, sie sind nun mal so. Bestürzend wenig haben sie mit dem zu tun, was uns die Evangelien des Markus, des Lukas und des Matthäus so überliefern, als wäre es so gewesen. Jesus wurde aber nicht in Bethlehem geboren, sondern – vermutlich – in Nazaret, dem Wohnort seiner Eltern, und wohl unter hochst unspektakulären Umständen. Die von Kaiser Augustus in Rom befohlene Volkszählung fand, wenn überhaupt, einige Jahre später statt, und der von Herodes veranlasste Mord an allen männlichen Neugeborenen in Judäa, um jenen Messias auszuschalten, gar nicht. Einen Stall als Geburtsort gab es so wenig wie die Hirten auf dem Felde, den berüchtigten Stern (wie kann ein Stern hoch oben am Himmel auf ein einzelnes Gebäude zeigen?) oder die drei Weisen aus dem Morgenlande. Und dass Maria ein Engel erschien, der ihr die Geburt eines vom Heiligen Geist gezeugten Sohnes ankündigte, kann guten Gewissens ebenso abgebucht werden als pure Erfindung, wenngleich eine, die wie manch anderes der biblischen Phantasieprodukte dem magischen Zeitgeist der Region entstammt.

Um es knapp und derb zu sagen: Alles Hollywood.

Um nur zwei kleine Beispiele zu nennen: Bethlehem wurde vermutlich nur deswegen als Geburtsort in die Geschichte hineingeschmuggelt, um gemäß jüdischen Prophezeiungen den Wanderprediger aus Nazaret als Nachfahren jenes Königs David hinstellen zu können, der dort geherrscht und tausend (!) Jahre zuvor bei den Israeliten ein gewisses Ansehen erworben haben soll, zum Beispiel durch sein sagenhaftes Duell mit Goliath. Dabei agierte dieser David – wenn er denn überhaupt als historische Person lebte, was umstritten ist – immer mal wieder als übler Geselle und notorischer Kriegstreiber. Er war achtmal verheiratet und ließ den Mann einer von ihm begehrten Frau in den Soldatentod schicken, um die Witwe zu heiraten. Im Übrigen: Wieso wird für Jesus eine königliche Abstammung „aus dem Hause David“ beansprucht, wenn er doch gar keinen leiblichen Vater hatte? Und hatte uns die Geburt im Stall nicht imponieren sollen als Ausdruck radikaler Ferne von Macht, Besitz und überhaupt jedweder Äußerlichkeit?

Schließlich: Wenn das Lukas-Evangelium Jesu Ahnenreihe lückenlos zu dokumentieren vorgibt – 42 männliche Vorfahren zählt es namentlich bis zum König David auf, weitere 34 bis Adam (!) –, dann spricht auch das Bände hinsichtlich der Verlässlichkeit und Wahrheitsliebe seiner Autoren. Genauer gesagt, wir haben es mit dreister Aufschneiderei zu tun.

Ihr und den vielen anderen Manipulationen liegen aber Interessen zugrunde. Die Verfasser der Evangelien oder der Apostelgeschichte wollten (und mussten) die ihnen weitgehend unbekannte reale Biographie des Jesus aus Nazaret aufwerten mit allerlei effektvollen Zutaten. Deshalb schildern sie – höchst fragwürdige – Wunder oder Heilungen wie historisch gesicherte Ereignisse; deshalb erwecken sie Jahrzehnte später den falschen Eindruck eigener Augen- und Ohrenzeugenschaft; deshalb legen sie dem Messias

Gleichnisse in den Mund, die einen früh gereiften Weisheitsprediger zeigen sollen; und deshalb betonen sie immer wieder, mit diesem oder jenem werde eine Prophezeiung aus dem alten Judentum erfüllt.

Und nun kommen die ganz Schlauen, allen voran unsere Theologen, und sagen: Diese Weihnachtsgeschichte ist wie so vieles andere in der Bibel doch nicht wörtlich zu nehmen. Sie muss richtig gedeutet werden, damit sie richtig verstanden werden kann. Und dafür zuständig sind wir.

Damit erreicht die Unredlichkeit ihren Gipfel. Wenn die Priester und Schriftgelehrten der Gemeinde wenigstens sagten: Wir hören nun aus dem Neuen Testament eine Geschichte, von der wir mittlerweile wissen, dass fast nichts daran stimmt – das verdanken wir übrigens kritischer Forschung und Wissenschaft, die uns zu Erkenntnissen verhalfen, die frühere Zeiten noch nicht haben konnten. Dennoch ist sie eine alte, ehrwürdige Fabel und will uns eine Menge wichtiger Dinge mitteilen, zum Beispiel, dass Armut keine Schande ist und Jesus Christus ein Anwalt der Schwachen. Oder dass der Gott, an den wir glauben, ganz eigene Wege geht.

Gewiss, noch besser würden sie ganz verzichten auf Legenden und Ammenmärchen. Schließlich haben sie erwachsene Menschen vor sich, mündige Bürger; und ihre Religion kann doch eigentlich dergleichen nicht nötig haben, um zu überzeugen und für sich einzunehmen.

Aber unsere Priester und Schriftgelehrten tun das eine nicht und das andere auch nicht. Und sie wissen, warum.

Fazit: Zuerst wird erfunden und gefälscht, dann wird Propaganda gemacht mit jenen emotionsbefrachteten Unwahrheiten, und zwar zwei Jahrtausende lang und ungemein erfolgreich, und schließlich schottet man sich konsequent ab gegen höchst unbequeme Erkenntnisse. Es bleibt ohne nennenswerte Folgen, dass die historisch-kritische Forschung sehr vieles widerlegt oder in ernste Zweifel gezogen hat, was das Neue Testament uns wie Tatsachen nahebringen und obendrein auch noch verklären will als von Gott geoffenbart. Die Schar der Gläubigen erfährt davon so gut wie nichts. Oder es wird ihr sogleich eine Beruhigungspille verabreicht in Gestalt beschönigender Deutungen.

So zieht die Karawane der Orthodoxie und der traditionellen Verkündigung weiter und kann tun, als wäre eh alles beim Alten und in Ordnung.

Das ist inakzeptabel. Es verhöhnt das Gebot der Wahrhaftigkeit, und es verspottet die Menschen. Dass die Idee von deren Mündigkeit nicht preisgegeben werden darf für ein Linsengericht aus herzerwärmenden Illusionen, diesem Gedanken hängen Sie, lieber Norbert Blüm, ja gewiss ebenso an wie ich.

Dies wollte ich geschwind mal gesagt haben. Und ganz laut hinzufügen: Auch hier geht es mir vorrangig nicht um Kirchenkritik, nicht um eine Attacke auf unsere Theologen, nicht um Publikumsbeschimpfung. Es geht um mehr, nämlich darum, dass auch dies ein starkes Indiz ist für diese Überzeugung: *dass das ganze stolze Gebäude des christlichen Theismus auf tönernen Füßen steht.*

Drüben, in der Ecke der guten Stube, in der ich das schreibe, steht übrigens ein Weihnachtsbaum. Wie jedes Jahr.

Ihnen wünsche ich einen guten Rutsch in ein glückliches 2012, zu dessen persönlichen Höhepunkten für Sie und für mich hoffentlich das Gelingen unseres Unternehmens zählt. Wie auch jetzt wieder zu spüren ist, bleibt es ein verwegenes.

Ihr Peter Henkel

5. Januar 2012

Sehr geehrter Herr Henkel,

so ein Briefwechsel hat wie jedes Gespräch den Vorzug vor dem „einwandfreien" Monolog, dass die Antwort zur Überprüfung und Präzisierung oder gar Revision der eigenen Position anstößt. Briefe gehen hin und her, und sie sind mehr Wegbegleiter als Ziellinie. Einsicht durch Einspruch ist ihr Entwicklungsprogramm. Andere nannten das Dialektik, die bekanntlich die Kunst ist, sich in Gegensätzen vorwärtszubewegen.

Als Anstoß verstehe ich Ihren Widerspruch gegen meine Behauptung: „Wir erfahren Ihn existenziell im Glauben." „Sehnsucht" nach Gott übersetzen Sie offenbar mit dem „Wunsch" nach Gott. Das aber meine ich gerade nicht.

Was ich mit „Sehnsucht" ausdrücken will, ist nicht ein subjektives oder gar nur sentimentales Begehren. Es ist viel eher ein Ahnen und Erwarten, die unsere Existenz konstitutiv ausrichtet auf ein Größeres, das Aristoteles *telos*, also Ziel, nannte. Ich verwende für dieses Ziel, auf das wir uns zubewegen, den Namen „Gott"; Aristoteles verstand als Zielbestimmung das vollendete Glück und unterschied dieses Glück (*eudaimonia*) von der wankelmütigen *tyche*, die unserem Lottoglück gleicht, aber nicht unser Lebensglück ist. Das Streben nach Vollkommenheit liegt in der Natur des Menschen.

Sie reden selbst davon, dass diese „Expedition" den „Menschen in den Genen" liegt, wobei Sie sicherlich unter „Gene" mehr als eine biologische Ausstattung verstehen – so wie ich den Begriff „Natur" nicht im Sinne des Objekts der empirischen Wissenschaft verwende, sondern als eine prägende Kraft des Menschen, die sein Wesen bestimmt.

Im christlichen Verständnis ist das höchste Gut ein personaler Gott und die Sehnsucht nach ihm ein vernünftiges Verlangen, weil der Gott, nach dem wir streben, ein vernünftiger Gott ist.

Die religiöse Sehnsucht, die ich zu umschreiben versuche, wird nicht, wie Sie vermuten, von der Frage bewegt, „wozu“ Gott gut sei, sondern eher von der, „was“ Gottes Gutheit ist. Gott ist kein Mittel zu guten Zwecken. Denn die Sehnsucht nach ihm erwartet keine Gegenleistung. Sie ist kein Geschäft, denn sie ist so wenig wie die Liebe mit der Sicherheit der Erfüllung verbunden.

Sie, lieber Herr Henkel, vermuten, Sie hätten mich mit dem Satz „Wir erfahren Ihn existenziell im Glauben“ bei einem Zirkelschluss erwischt. „Was Sie eh schon glauben, erfahren Sie dann, und zugleich wird Ihre Erfahrung herangezogen, um Ihrem Glauben einen festen Boden zu verschaffen“, schreiben Sie.

Das stimmt nur zum Teil und in einem ganz anderen Sinn, als Sie vermuten. Jedwedes Verstehen vollzieht sich nämlich in einem Wechselspiel zwischen Glauben und Wissen. Dieses Wechselspiel enthält das Paradox, dass das, was verstanden werden soll, schon vorher irgendwie verstanden worden sein muss. Wir beginnen das Verstehen nie bei Null und sind auch selbst keine Tabula rasa, auf welche die Außenwelt ihre Eindrücke schreibt, die wir dann ablesen.

Jedwedes Verstehen vollzieht sich nicht geradlinig, sondern zirkelförmig. Es wird durch das Wechselspiel von *Vor-* und Rückfrage geformt, also auch zwischen Glaube und Erfahrung rückgekoppelt. Wir glauben, indem wir erfahren, und wir erfahren, indem wir glauben, und welches von beiden jeweils Ursache und welches Wirkung ist, hängt vom Stand des Verstehensprozesses ab und lässt sich in ihm so wenig endgültig unterscheiden wie bekanntermaßen der Vorrang von Henne oder Ei. Das fortschreitende Verstehen vollzieht sich dabei eher in einer Spirale als in einem geschlossenen Kreis. Aber auch die Spirale kennt die Drehbewegung.

Unseren Briefaustausch vergleiche ich allerdings nicht mit einer ununterbrochenen Spiralbewegung, bis wir ganz oben angekommen sein werden, sondern eher mit der Echternacher Springprozession – zwei Schritte vorwärts und (wenn wir Glück haben) *nur* einen zurück, dazu noch kreuz und quer und außerdem vorwärts und rückwärts. Denn Suche ist, wie gesagt, nie ohne Um-, Irr- und Holzwege.

Glaube und Erfahrung, Religion und Vernunft bringen sich bei einem gelingenden Verstehungsprozess in einer spiralförmigen Kreisbewegung zu höherer Klarheit. Die Philosophie nennt diesen Verstehensprozess einen „hermeneutischen Zirkel".

Wieso der Glaube nur die Projektion unserer Wünsche sein soll, diese Behauptung, die vor Ihnen schon viele – Feuerbach, Marx, Freud und andere – ausgesprochen haben, verstehe ich bis heute nicht. Denn wenn es so wäre, dann wäre der Mensch ein „eingebildetes" Wesen, das sein Selbstverständnis aus dem Rückspiegel seiner Projektionen beziehen würde. Dann stellte sich aber die Frage: Wer ist der, der sich projiziert?

Wahrscheinlich wurde unsere Menschwerdung mithilfe des Denkens überhaupt provoziert durch Vermutungen, dass wir uns nicht genügen. Wir Menschen sind exzentrische Wesen, mit dem Hang, außer sich zu geraten. Ist das schon Projektion? Bevor etwas außer sich geraten kann, muss es bei sich gewesen sein. Was nichts ist, kann nicht außer sich kommen. Entfremdung ohne Eigentlichkeit geht nicht. Was ist der Mensch, der sich entfremden kann, eigentlich? Gehört die Fähigkeit zur Entfremdung zu seiner Eigentlichkeit, so wie die Fähigkeit zur Sünde zum Wesen des Menschen?

Wenn Sie, lieber Herr Henkel, die Religion als das Selbstgespräch der Gläubigen verstehen, die nur ihre Wünsche in den Himmel transportieren, um sich so über die bitteren Realitäten der Erde hinwegzutäuschen, dann könnte man auf den Einfall kommen, den Spieß einfach umzudrehen und zu vermuten, dass die Atheisten nur deshalb Gott leugnen, weil ihnen der Gedanke an Gott zu schwer und die Vorstellung seiner Allmacht zu erniedrigend und für ihre Freiheit zu einengend ist.

Beides wäre zudem mehr Unterstellung als begründeter Verdacht und außerdem eine Verniedlichung von Atheismus und Theismus durch Reduzierung auf Psychologie. Das entspricht zwar einem esoterischen Zeittrend, der Seinsfragen auf Gefühlsfragen reduziert, wird aber dem Ernst unserer Existenz nicht gerecht. Der Mensch ist mehr als ein Gefühlsbündel.

Nicht widerspruchslos nehme ich den Versuch hin, „Wahrheit" ausschließlich für wissenschaftliche Rationalität in Anspruch zu nehmen und Glauben als unvernünftig ins Reich der Phantasie und der Träumerei zu verbannen. Das ist eine banale Arbeitsteilung, die noch nicht einmal den Anfangsgründen der Erkenntnistheorie gerecht wird. Erkennen ist auf Sprache angewiesen. In ihr wird das Sein abgebildet, zu dem auch Phantasie und Träumereien gehören. Die Vernunft wird also durch tiefere Quellen gespeist als nur durch Rechenkunst etc. Denken und Mantik stehen in einem engen Zusammenhang, und der scheint in anderen Kulturen noch nicht so stark verloren gegangen zu sein wie in unserer. Asiatische Gesellschaften mit diesem Hintergrund sind auch nicht dumm, und vielleicht überholt ihr Fortschritt sogar den unseren.

Ihrer Empfehlung, dass der Glaube sich einem Stresstest durch Vernunft und Erfahrung aussetzen soll, ist von anderem Kaliber und kommt meines Erachtens dem Kern der Dinge näher.

Wenn ich deshalb noch einmal auf das Sterben als den „Stresstest“ meiner Oma Lieschen zurückkommen darf: Ihre Todesnot war ein „Stresstest“ von besonderer Härte – und, wie ich anmerke, nicht in Abwesenheit der Vernunft. Sie starb bei klarem Bewusstsein.

Vielleicht sind es tatsächlich die Grenzsituationen des höchsten Glücks und der tiefsten Not, in welchen bei großer Klarsicht der Glauben verworfen oder bestätigt wird. Keine psychologische Therapie vermag in diesen Augenblicken zu intervenieren. In der Todesnot ist der Mensch mit sich und mit Gott allein. Keiner von beiden, weder Gott noch Mensch, lässt sich in diesem entscheidenden Augenblick vertreten.

In welchem Zusammenhang jedoch das Sterben mit der individuellen Biografie steht, weiß ich nicht. Doch vermute ich, dass die spezifisch individuelle Todeserfahrung nicht einfach wie ein Zufall vom Himmel fällt, sondern eine Kondensation der Erfahrungen eines ganzen Lebens ist, die sich in dieser außergewöhnlichen Situation zusammenballen.

Erfahrungen selbst sind wahrscheinlich bereits das Extrakt von Erlebnissen. Erfahrung wächst nämlich nicht aus etwas Einmaligem, sondern aus der Summe von Erlebnissen, die als Erfahrung in die Grenzsituationen des Lebens eingehen und sie einbetten.

Es stirbt eben jeder seinen Tod, und merkwürdigerweise sind die, von deren Sterben ich weiß, weil sie mir näherstanden als andere, irgendwie so gestorben, dass ich im Nachhinein – manchmal überrascht – feststellte: Ihr Tod passte zu ihrem Leben.

Meine Mutter Gretel starb, wie sie lebte: mit einer tapferen Gelassenheit. Sie fragte ein paar Stunden vor ihrem Tod den Pfarrer: „Herr Pfarrer, is Sterbe schwer?“ Der fromme Mann antwortete ohne theologische Finessen, ganz einfach: „Ei, Frau Blüm, ich weiß es doch aach net. Ich hab’s doch aach noch net gemacht.“ Und fast verlegen fügte er hinzu: „Aber, wenn man so fromm is wie Sie, müsst es eigentlich leicht sein.“ Worauf meine Mutter den klassischen Satz sprach: „Ei, dann wolln wir’s mal probiere.“

Das war’s: Ehrlichkeit gepaart mit Gottvertrauen. Ehrlich: Denn sie wusste es auch nicht, wie es ist und wie es wird. Gottvertrauen: Es wird schon gut gehen. Gewissheit über das, was ihr bevorstand, hatte meine Mutter auch nicht, aber klaren Verstand und erprobte Frömmigkeit.

Das Sterben ist ein Experiment, für das es keine Modellversuche gibt. Und deshalb ist das Sterben der Stresstest von Vernunft und Glauben, von dem ich nicht weiß, ob ich ihn bestehen werde.

Ich glaube, dass ich glaube. Aber ob ich wirklich glaube, das weiß ich nicht. Vielleicht haben Sie recht und mein Glaube – oder sogar, wie Sie behaupten, jeder Glaube – ist nur Ersatz, Flucht, Feigheit, Faulheit. Ich hoffe nicht. Manchmal mag das sogar stimmen. Doch bin ich mir bisweilen des Glaubens wieder ganz sicher. Aber keine Klugheit kann mir die endgültige Antwort abnehmen.

Wieso hat Oma Lieschen den „Stresstest“ in ihrem von Ängsten und Verwünschungen begleiteten Todeskampf offenbar bestanden? Sie leugnete Gott nicht, obwohl sie ihn verflucht hat. Sie konnte ihn nur verfluchen, weil sie seine Existenz nicht verneinte.

Für Oma Lieschen war die Wahrheit ihrer letzten Stunde: Gott ist da. Auf die Frage, ob Gott gerecht sei, antwortete Lieschen mit Nein, auf die Frage, ob es ihn gebe, mit Ja!

Und jetzt, Herr Henkel, werden Sie kommen und auf den logischen Widerspruch hinweisen, dass ein ungerechter Gott kein Gott sein kann. Das ist die Kernfrage der Theodizee, die wir noch ausführlich besprechen werden. Die unerträglichen Schmerzen meiner Großmutter auf dem Todesbett und die Schicksalsschläge, die Ihrer Mutter im Leben zugemutet wurden, sind – wie ich Ihnen gestehe – die schärfsten Waffen im „Kampf gegen Gott". Doch bevor ich mich auf die Frage „Gott und das Leid" einlasse – mit großem Unbehagen, denn ich habe keine fertigen Antworten dazu –, lassen Sie uns noch eine Weile bei der Grundfrage verweilen: Gibt es IHN oder gibt es IHN nicht?

Meinen Hinweis, dass es ein konstitutives Gottesverlangen des Menschen – das ich unzureichend mit „Sehnsucht" bezeichnet habe – gibt, seitdem Menschen Menschen sind, haben Sie mit dem Argument gekontert: „Durst schafft nun mal kein Wasser." Ich antworte auf der gleichen Ebene: Ohne Wasser gibt es keinen Durst, und ich kann den Wettbewerb mit Ihrem Beispiel noch weiter treiben: Gott ohne Glaube ist so denkbar wie Wasser ohne Durst. Aber Glaube ohne Gott ist mir so wenig vorstellbar wie Durst, der prinzipiell nie gestillt werden kann.

Denn Durst ist kein einfacher Wunsch, sondern ein existenzielles Verlangen, das, genauso wie die Gottessehnsucht, auf Erfüllung gerichtet ist. Im einen Falle verdurstet der Mensch, im anderen verkümmert er. Es geht beim Durst wie bei Gott ums „Überleben".

Solange es Menschen gibt, haben sie ihre Vorfahren bestattet. Kein Tier ist auf diesen Einfall gekommen, weil Tiere nicht aufs Weiterleben eingerichtet sind. Pascal (wieder eine Autorität aus dem Bücherregal) hat Geburt und Tod verglichen und gefragt: „Atheisten. Welchen Grund haben sie für die Behauptung, man könne nicht auferstehen? Dass jenes, was niemals existiert hat, nun existiert, und dass jenes, was existiert, noch immer existiert?" Wenn Geburt Auferstehung aus dem Nichts ist, wieso soll dann nicht eine zweite Auferstehung, nämlich die aus dem Tode, möglich sein?

Wenn der Gottesgedanke nur eine Fata morgana wäre, hätte das Verlangen nach Gott wahrscheinlich nicht alle Stufen der menschlichen Evolution überlebt. Das darwinistische Fitnessprogramm hat erstaunlicherweise dem Menschen zwei Dinge nicht abgewöhnen können: den Überlebenswillen und die Gottgläubigkeit.

Erst als *homo religiosus* hat sich der Mensch vom Affen verabschiedet. Lange bevor er Werkzeuge herstellen und handhaben konnte, hat der Mensch gesungen und gesprochen. Er musste mit seinen überschäumenden Emotionen fertig werden. Der Mensch hat gebetet, bevor er Bäume mit der Steinaxt fällte. Dass wir davon so wenig wissen, verdanken wir einer archäologischen Falle. Von den Melodien blieb nämlich in den Gräbern nichts erhalten, dafür aber die Steinäxte, die manche für die Beweisstücke der Menschwerdung halten. Aber auch der Werkzeugmacher, der *homo faber*, war offensichtlich ein frommer Mann: Warum sonst hätte er seinen Toten Äxte, Schmuck etc. mitgeben sollen, wenn es nach dem Tod für ihn nichts mehr gegeben hätte?

Das alles sind, wie ich zugebe, keine Gottesbeweise, antworte ich, Ihren Einwänden vorauseilend. Ich werde Gottesbeweise auch weiterhin nicht liefern können, nicht, weil ich nicht will, sondern weil ich nicht kann. Denn könnte ich, wäre mein Glaube nicht Glaube, sondern Wissen. Mehr als Hinweise auf Gott bringe ich nicht zustande.

Sie schreiben, lieber Herr Henkel: „Die große Mehrheit der Menschen, die bisher diesen Planeten besiedelt haben, hat ohne diesen christlichen oder von christlichen Vorstellungen beeinflussten Gott gelebt und auskommen müssen.“ Wer bestreitet das? Aber wie kommen Sie dazu, dass meine Großmutter und ich in Bezug auf die, welche einen anderen Gott oder mehrere Götter verehren, „Atheisten“ seien? Wir sind es so wenig wie die, die glauben, dass es einen anderen Gott gibt. Wir reservieren genauso wenig, wie andere das tun sollten, den Begriff Theismus für eine einzige Religion, auch nicht für „unseren Gott“.

Das Verhältnis von Glauben und Wissen, von Vernunft und Religion sollten wir vor weiterführenden Fragen noch ein Stück beackern. Wir haben noch viele Fragen vor uns.

Also nicht so schnell zum nächsten Thema weiterleiten, wenn ich bitten darf!

Vernunft und Glaube haben keinen Grund, sich als die jeweils allein selig machende Kraft der Weltgeschichte aufzuspielen. Nur im Bündnis sind sie verträglich und sogar „heilsam“. Deshalb ist Verachtung des einen durch den anderen das Ende beider.

Sie beklagen, dass 250 Jahre nach der Aufklärung – „man mag es kaum glauben“ – aus der Vernunftverachtung eine Art Volkssport geworden sei.

Solche Vernunftverachtung gibt es bedauerlicherweise in vielen Religionen und Regionen der Erde. Die Welt wird jedoch ebenso von dem Gegenteil der Vernunftverachtung gefährdet, nämlich von der Heiligsprechung der Vernunft, die sich in der pubertären Zuversicht zeigt, die Vernunft und ihr Diener, die Wissenschaft, würden alle Zukunftsprobleme lösen. Eine Vernunft, die ihre Ziele nicht nennen kann, verkommt zur instrumentellen Vernunft, und diese kann sich für alle möglichen Ziele prostituieren.

Edward Teller, der Vater der Wasserstoffbombe, verkündete mit siegessicherem Triumph den neuen technologischen Imperativ: „Was der Mensch kann, muss er auch tun.“

So gerät die wild gewordene Vernunft außer Rand und Band. Als Wissenschaft getarnt, ermöglicht sie alles, wenn es sein muss auch den Weltuntergang. Denn die instrumentelle Vernunft liefert keine Imperative für eine Ratio des Überlebens.

Die modernste Variante der Degeneration der Vernunft ist ihre Verkümmerung zum Nutzenkalkül. Die Vernunft als Technik der Vorteilssuche könnte zudem sogar den Bauplan liefern für eine Rückzüchtung des Homo sapiens zum findigen Tier. Die Vorstufe dieser Regression ist der *homo oeconomicus*, die Leitfigur des Neoliberalismus. Von den Fähigkeiten der Vernunft ist bei ihm nur noch die Begabung zur Kosten-Nutzen-Analyse übrig geblieben. Der *homo oeconomicus* verbringt seine Zeit mit der Kalkulation seiner Vorteile. Wirtschaftliche Nützlichkeit wird zur Apotheose der Vernunft und so zur Nachhilfe für die Verblödung des Menschen. Der Mensch kann sich selbst abschaffen; gescheit genug ist er dazu. Deshalb: Nicht überall, wo Vernunft draufsteht, ist auch Vernunft drin.

Vielleicht ist die Versöhnung von Glaube und Vernunft der letzte Rettungsversuch für das Überleben beider. Denn wenn Vernunft und Religion sich wechselseitig aus dem Weg räumen, wäre das kein Triumph für eine Seite, sondern zu guter Letzt eine Eliminierung beider.

Die religionsfreie Vernunft wie die vernunftlose Religion sind, wie die Geschichte nach der Aufklärung beweist, von je eigenen Entgleisungen gefährdet. Technologische Hybris und frommer Fundamentalismus legen davon gleichermaßen Zeugnis ab.

Jürgen Habermas, der sich selber als „religiös unmusikalisch" bezeichnet hat, hat in seiner Dankesrede zur Verleihung des Friedenspreises des Deutschen Buchhandels 2007 die säkularisierte Gesellschaft davor gewarnt, die Ressourcen brachliegen zu lassen, die in religiösen Überzeugungen enthalten sind. Religionen sind keine Museumsstücke, mit denen an vergangene Zeiten erinnert wird, sondern nach Habermas „kognitive Herausforderungen“.

Habermas hatte schon 2004 in einem Gespräch mit Joseph Ratzinger die Frage gestellt, ob sich ein pluralistisches Gemeinwesen durch „bestenfalls formale, auf Verfahren, Prinzipien beschränkte Hintergrundeinverständnisse normativ, also über einen bloßen modus vivendi hinaus stabilisieren lässt“.

Für mich spitzt sich die Frage darauf zu, ob die höchsten Vernunftnormen, die autonom begründet werden, schon Sicherheit gegen Entgleisungen der Vernunft geben können. Die gleiche Frage stellt sich an religiöse Wahrheiten, die sich jedweder vernünftigen Rechtfertigung entziehen.

In den Prozess eines herrschaftsfreien Diskurses, in dem die kommunikative Vernunft zur Geltung kommen soll, gehen die Akteure mit Grundüberzeugungen ein, welche die Ausgangspunkte der Verständigung sind. Diese lassen sich auch nicht durch den Diskurs auf Null reduzieren, sondern nur im Diskurs „abarbeiten“, also klären. Das Wesen des Menschen wird auch durch Kommunikation nicht beliebig. Zum Menschen gehört nach meinem Verständnis „wesentlich“, dass er Ebenbild Gottes ist.

Kann die säkularisierte Gesellschaft völlig auf die Motive einer moralischen Empörung verzichten, die beispielsweise bei Menschenrechtsverstößen die Würde des Menschen aus dessen Gottesebenbildlichkeit ableiten? Freilich, die Ablehnung von Verbrechen lässt sich auch religionsfrei begründen. Die Gotteskindschaft aller Menschen ist jedoch eine starke unabhängige Berufungsinstanz für die Menschenwürde.

In der vollendeten Idee des Monotheismus ist die Vorstellung enthalten, dass Gott der Gott aller Menschen ist. Auch aus diesem Grunde überwindet das Neue Testament den Glauben des Alten Testaments, in dem Gott vornehmlich als Bundesgott vorgestellt wurde. Solange der Monotheismus sich nur als der Gott der eigenen Anhängerschaft versteht, ist er eigentlich kein monotheistischer Gott, sondern nur der alleinige Anführer seiner Anhängerschaft. Aber das ist ein „beschränkter" (in des Wortes mehrfacher Bedeutung!) Monotheismus.

Gott ist Gott für alle, oder er ist kein monotheistischer Gott. Kein Vater und keine Mutter lässt zu, dass die eigenen Kinder sich gegenseitig „geschwisterlich" umbringen.

Was wäre das für ein armseliger Gott, der nur der Gott seiner Anhänger wäre, unter dessen Oberbefehl diese die Ungläubigen ausrotten? Allerdings hat sich der Monotheismus leider in der Geschichte häufig so offenbart, und seine irregeleiteten Anhänger gingen auf Kreuzzüge oder rammten mit Flugzeugen Wolkenkratzer. Der Monotheismus ist eben nicht irrlehrenfrei. Doch der von dieser Verzerrung befreite, gereinigte, universale Monotheismus könnte eine friedensstiftende moralische Kraft sein. Alle Menschen sind Gottes Kinder.

Die Vernunft entdeckt auf ihrem tiefsten Grund einen Ursprung, den sie anerkennen muss, wenn sie nicht „in der Sackgasse hybrider Selbstbemächtigungen ihre vernünftige Orientierung verliert" (Habermas). Habermas spricht in diesem Zusammenhang von der Konversion der Vernunft durch Vernunft.

In dieser Konversion überschreitet die Vernunft die Schranken einer säkularisierten Vernunft, innerhalb deren sie zur instrumentellen Vernunft verkommen kann, und gewinnt den Blick auf ein Feld, in dem die Frage, was gut ist, anders beantwortet wird als nach den Gesetzen der technokratischen Ratio, die keine Antwort weiß auf die Frage nach dem Sinn des Lebens. So könnte ein religiös gestützter Vernunftbegriff diesen Begriff vor seiner technokratischen Verleugnung bewahren.

Die Religion hat unter den Bedingungen der Säkularisation den Alleinvertretungsanspruch in Sachen Lebensführung aufgeben müssen. Müsste nicht auch die Säkularisierung ihre Immunisierung gegenüber jedweder religiösen Fundierung und Motivierung öffentlicher Handlungen aufgeben? Es hat sich längst herumgesprochen, dass der Staat von Voraussetzungen zehrt, die er selber nicht hervorbringen kann – worauf Ernst-Wolfgang Böckenförde schon vor Jahren zu Recht hingewiesen hat.

Ratzinger hat in seiner Münchener Replik auf Habermas Vortrag *Vorpolitische Grundlagen des demokratischen Rechtsstaates* die Pathologien eingestanden, unter denen Religion leiden kann, und es deshalb für nötig gehalten, „das göttliche Licht der Vernunft sozusagen als Kontrollorgan anzusehen, von dem her sich Religion immer wieder reinigen und ordnen muss".

Wenn das Ergebnis des Versuchs von Religion und Vernunft, sich gegenseitig zu durchleuchten, in der beiderseitigen Bereitschaft bestünde, die eigenen Pathologien mit den Stärken des anderen zu reinigen, wäre für das gedeihliche Miteinander der Menschen viel gewonnen. Denn, sehr verehrter Herr Henkel, die Pathologien der Vernunft gefährden die Menschheit nicht weniger als die des religiösen Fanatismus.

Die Überschätzung einer Vernunft ohne Schranken ist zur Deformation des Menschen fähig. Den Menschen als ein genmanipuliertes Produkt des Menschen zu produzieren wäre die gesteigerte Hybris der Vernunft, die sich die Stelle des Schöpfers anmaßte. Hier überschreitet die Vernunft ihre

Grenzen und muss von der Religion in die Schranken gewiesen werden. Und ohne eine Antwort auf die Frage „Was ist der Mensch?“ lassen sich diese Schranken nicht errichten.

Die Gesellschaft glücklicher Idioten ist machbar. Wenn Zufriedenheit das höchste Gut ist, ist Manipulation seiner Gene und seines Verhaltens erlaubt. Denn ein perfekt auf seine Umwelt eingestellter und für Wirtschaft und Gesellschaft optimal verwertbarer Mensch, der mit sich und der Welt zufrieden ist, „lässt sich machen“. Die Zufriedenheit dieses Menschen müsste jedoch mit einem hohen Preis bezahlt werden, nämlich dem Verlust seiner Freiheit und seiner Würde.

Es tut der Vernunft gut, auf die großen Überlieferungen der Religionen zu hören, so wie umgekehrt die Religion nicht vernunftfrei agieren darf. In dieser Konditionalität sind christlicher Glaube und westliche Ratio Partner in einer globalisierten Welt, die in Gefahr ist, aus den Fugen zu geraten.

Das Verhalten von Vernunft und Religion bedarf jedoch noch einer Differenzierung. Dieses Verhältnis ist nicht in allen Kulturen und Religionen gleich und steht in engem Zusammenhang mit dem jeweiligen Gottesbild.

Den alttestamentlichen Schöpfungsbericht abwandelnd, hebt das neutestamentliche Johannesevangelium mit dem Satz an: „Im Anfang war das Wort.“ Für „Wort“ steht im griechischen Text „Logos“. „Logos“ bedeutet „Wort“ und „Vernunft“. Am Anfang steht der Logos, und der Logos ist Gott. Christlicher Glaube ist Glaube an einen vernünftigen Gott. Gott handelt vernunftgemäß, und der Mensch hat teil an Gottes Vernunft.

In der muslimischen Gotteslehre steht Gott im absoluten Jenseits, das mit dem Menschen durch keine Analogie verbunden ist, in der Gleiches und Ungleiches vermischt ist.

Im christlichen Glauben kann Gott nicht gegen die Vernunft verstoßen, weil er selbst die Vernunft ist. Gottes Wille ist dagegen im Islam an keine Kategorie gebunden, also auch nicht an Vernünftigkeit. Insofern lässt sich die muslimische Gottes-Lehre eher mit der Faust'schen Übersetzung des Johannesevangeliums verbinden: „Im Anfang war die Tat."

Hier – zwischen Logos und Faktum – scheiden sich die Geister. Diese Unterscheidung war der Sinn der Regensburger Rede Benedikts XVI., als er sagte: „Nicht mit dem Logos zu handeln, ist dem Wesen Gottes zuwider." Allah kann alles. Der christliche Gott kann „nur" das Vernünftige, weil er Vernunft ist. Das Böse ist Nicht-Sein.

Die Liebe übersteigt zwar nach Paulus die Erkenntnis, aber sie bleibt die Liebe des vernünftigen Gottes. Die Liebe schränkt also die Vernunft nicht ein. So sind auch die existenziellen Entscheidungen für Gott, die von Sehnsucht, Ahnung und Erwartungen getrieben werden, Intentionen auf einen vernünftigen Gott hin. Diese existenzielle Sehnsucht ist eine Triebfeder der Vernunft.

Die reformatorische Theologie hat sich freilich gegen das von der griechischen Philosophie geprägte Bild des vernünftigen Gottes gewehrt, weil sie darin eine Überfremdung des biblischen Gottesbildes sah. Der lutherische Aufruf „sola sciptura" wendet sich gegen eine Metaphysik, die von anderswoher kommt. Aber wenn der Glaube nicht von natürlichen Erkenntnissen getrennt werden soll, muss eine vernünftige Interpretation der Heiligen Schrift auch eine vernünftige Bibelkritik ertragen, welche die Botschaft freilegt, die in den Texten enthalten ist. Eine aufgeklärte Religion muss sich auch von der Aufklärung Fragen stellen lassen.

Eine andere Baustelle, in der sich Wissen und Glaube treffen, befindet sich bei Immanuel Kant, der behauptete, er habe das Wissen beiseiteschaffen müssen, um dem Glauben Platz zu schaffen. In der Kant'schen Denkschule ist Glaube keine Sache der Erkenntnistheorie, sondern der Moral. In einem weiteren Schritt über Kant hinaus wird Jesus dann in einem verschärften säkularisierten Verständnis lediglich zu einem Morallehrer mit einer menschenfreundlichen Botschaft. Theologie gibt so vor allem lebenspraktische Ratschläge. Jesus bleibt nebenbei noch ein interessantes Objekt der historischen Wissenschaft. Das war's. War es das?

Diese Verflachung des Glaubens zur Sozialtherapie wäre dann allerdings nicht die Versöhnung von Glaube und Vernunft, von der ich rede, sondern die Kapitulation der Theologie als Gotteslehre und ihre Rückentwicklung zu einer Wissenschaft wie viele andere, die sich mit vorletzten Fragen beschäftigen. Die Theologie fusioniert dann mit Soziologie und Sozialpsychiatrie, als deren Wasserträger sie fortan agiert.

Die wichtigste Frage – „Gibt es Gott oder gibt es Ihn nicht" – wird nicht auf dem Schleichweg in die religiöse Unverbindlichkeit geklärt, auch wenn diese wissenschaftlich temperiert wird. Da ziehe ich jeden handfesten Krach mit einem anständigen Atheisten wie Ihnen, lieber Herr Henkel, dieser Art lauwarmer Versöhnung von Vernunft und Glaube vor. Ich bohre lieber dicke Bretter, als mich auf dem Bolzplatz alter Religions- und Konfessionskämpfe zu tummeln.

Mit Vernunft stoße ich auf Gott. Vernunft führt zu Ihm. Wenn ich bei jedem Ereignis nach seinen Ursachen frage und alle Computer der Welt nach jeder Antwort mit der weiteren Frage bedränge: „Und was war dann dessen Ursache?", komme ich nach den Gesetzen der Logik an eine Erstursache. Aber selbst wenn ich beim Urknall angekommen bin – auch der Urknall kann nicht der Erstverursacher gewesen sein, weil auch der Urknall einen Auslöser gehabt haben muss. Also hetze ich weiter von Ursache zu Ursache. Was war vor dem Urknall?

Auf der Zeitschiene gibt es keine Antwort, welche die Frage nach Gott abschließt. Deshalb hat sich Thomas von Aquin auch eine Welt ohne Anfang vorstellen können. Der, der das Ganze hält und unbedingt da ist, der ist die Antwort auf die Frage nach Gott. „Es gibt keine Ursache für das Ganze", schreibt Paul Valéry in seinen *Cahiers*.

Ursachen können nie das Ganze erklären. Denn „das Ganze ist mehr als die Summe seiner Teile" (Aristoteles), „das Ganze ist die Wahrheit" (Hegel). Das Ursachenprinzip also kann meine Glaubenszweifel nicht aufheben, weil es die Frage nach dem Ganzen nicht beantworten kann.

Zwischen Glaube und Vernunft suche ich den Weg zu Gott, auf den ich vertraue. In diesem Glauben sind Vertrauen und Vernunft in einer schwer beschreibbaren Symbiose enthalten.

Bin ich dumm, weil ich glaube, was ich nicht weiß? Ich glaube nicht blind, sondern in einer Mischung von Vernunft und Vertrauen. Wissen ist dabei nur mit Restbeständen beteiligt. Aber ich tröste mich mit dem Gedanken, dass unser gesamtes Weltverständnis und unser Handeln in der Welt nur zu einem geringen Teil auf Wissen beruht. Was wissen wir vom Kosmos? Die uns vertraute Materie soll nur fünf Prozent des Universums ausmachen. Vom Nichts wissen wir nichts.

Der kleine Gagarin, der als erster Mensch in den großen Weltraum eindrang, verkündete nach seiner Rückkehr zur Erde triumphierend, er habe dort oben Gott nicht gesehen. Der Gernegroß hatte nicht gemerkt, dass er bei seinem kosmischen Ausflug noch nicht einmal den Sprung eines Grashüpfers vollbracht hatte.

Aber warum in „weite Ferne" schweifen – denn auch beim „nahen Kleinen" wissen wir nicht alles. Was ist ein

Atom wirklich? Überhaupt: Was ist Materie? Der Grundstoff des Materialismus ist umstritten. Dabei war es gerade der Materialismus, der einen wichtigen Impuls zur Aufklärung auslöste. Lamettrie, Holbach, Diderot, Helvétius, die Kronzeugen des modernen Materialismus sind gleichermaßen die Erzväter der Aufklärung. Wenig später, auf dem politischen Höhepunkt der Aufklärung, kippte allerdings die Bewegung, und der blutige Robespierre verehrte plötzlich die Göttin der Vernunft. Er landete selbst unter der Guillotine und die ganze aufklärerische Revolution in Napoleons Eroberungskriegen.

Wissen allein jedenfalls garantiert uns nicht, dass wir die Probleme der Erde lösen. Die größten Katastrophen des letzten Jahrhunderts verdanken wir nicht Wissensdefiziten, sondern eher einem Mangel an Moral. Das 20. Jahrhundert ist das gescheiteste Jahrhundert und das verbrecherischste zugleich. Auschwitz, Hiroshima, Pol Pot – *ohne eines dieser Verbrechen mit den anderen vergleichen zu wollen* – sind die Nachbarn der Wissensrekorde des vergangenen Jahrhunderts.

Lieber Herr Henkel, ich will Sie zum Schluss trösten. Ihre Beschwerde über „das Maß der Abwehr, das gläubige Mitmenschen an den Tag legen, hat mich doch nachdenklich gemacht", schreiben Sie. Es stimmt: Selbst wenn die Menschen gescheiter werden, werden sie deshalb noch nicht toleranter.

Offenbar fühlen Sie sich verletzt von Kritik an Ihrer Gottlosigkeit. Schließlich geht es auch für Sie um „letzte Fragen" und darum, wie sie beantwortet werden. Sie, die letzten Fragen, sind der Ernstfall der Behutsamkeit.

Das hat der Fanatismus so an sich, dass er rücksichtslos ist. Da bleiben sich die Fanatiker wechselseitig nichts schuldig. Auf der Gegenseite bedient sich z. B. Dawkins in seiner

Aggression gegen Gottgläubige uralter Gehässigkeiten. Und seine Anhängerschaft wächst.

Odifreddi schreibt: „Wer denkt, glaubt nicht, und wer glaubt, denkt nicht." Wie hoch ist das Ross, auf dem dieser Atheismus reitet? Wer so schreibt, dem ist entgangen, welche Rolle die Religion bei der Entwicklung des Selbstbewusstseins des Menschen spielte, in dem überhaupt erst das Denken in Gang gesetzt wurde. Auf dem Niveau der Respektlosigkeit verkümmert der Disput zwischen Atheisten und Theisten zu einem scheinbaren Wettbewerb zwischen Dummen und Gescheiten. Und die Dummen sind dann immer die anderen.

So soll es – Gott sei Dank! – in unserem Briefwechsel nicht zugehen.

Gestatten Sie mir zum Schluss dieses Briefes noch, lieber Herr Henkel, dass ich mich in dem Versuch, mich verständlich zu machen, bisweilen auch „auf Autoritäten und große Namen berufe", auch auf die Gefahr hin, dass der Leser „vor seinem geistigen Auge die Bücherregale sieht, die ihn zu erschlagen drohen". Dabei gestehe ich, dass ich mich beim Anblick von Bücherregalen noch nie vom Tod durch Erschlagen bedroht sah, sondern viel eher von dem Gefühl des Schülers, der seine Hausaufgaben noch nicht gemacht hat. Was man noch alles lesen müsste ...

Ich verstecke mich hinter großen Namen nicht aus Feigheit, sondern weil ich eher ein Nachdenker als ein Vordenker bin. Im Zeitalter der Kopien und Plagiate gerät man leicht in den Verdacht des Gedankenklaus, obwohl doch ohne ein Entwenden der Gedanken anderer niemand denken kann. Denn so originell ist keiner, dass er aus nichts schöpft und nur seine eigenen Gedanken denkt. Verwegene behaupten sogar, die Philosophie nach Platon biete nur noch Varianten oder Widerlegungen Platons. Ich verweise auch auf Autoritäten und große Namen, um mir die Darstellung ganzer Systeme zu ersparen, die mit diesen Namen verbunden sind. Sie sehen, es ist auch ein bisschen Faulheit im Spiel. Wie auch immer. Die Hauptbeschäftigung des Denkens ist das Nach-denken, und das originelle Vor-denken ist der seltene Glücksfall. Im Nach-denken liegt aber die Chance des Weiterdenkens, und oft auch die des Wiederentdeckens. So weit zu meiner Liebe zu Zitaten.

Ich schicke diesen Brief ab, wenn auch mit dem unguten Gefühl, dass ich auf so vieles aus Ihrem Brief noch nicht geantwortet habe. Bei manchem muss ich noch nachdenken. Aber so lange sollen Sie nicht warten. Ich freue mich auf Ihren Brief.

Bis bald
Ihr Norbert Blüm

PS: Hallo! ... Ich bin gerade mit meinem Weihnachtsbrief fertig, da kommt schon der nächste Brief von Ihnen an. Sie überholen mich. Gleich lese ich ihn ... Gesagt, getan! – Ich bekomme einen Schrecken! Wie Sie loslegen. Löste der Heilige Abend bei Ihnen einen Adrenalinstoß aus, der Sie so bitter über Jesus, die Kirche und die Bibel herfallen ließ? Sind wir gar die falschen Briefpartner und schreiben einander vorbei?

Ich denke nach über Ihre Vorwürfe ... Was soll ich tun?

Ich schicke Ihnen meinen Brief wie eine Flaschenpost, die man in eine aufgewühlte See wirft – in der Hoffnung, dass sie ihren Adressaten findet.

10. Januar 2012

Sehr geehrter Herr Henkel,

also gut, des Menschen Wille ist sein Himmelreich: Wenn Sie auf dem Bolzplatz spielen wollen, dann „holze“ ich mit.

Ich sammle zunächst einmal die Fouls, die ich in Ihrem Weihnachtsbrief wie Fußtritte empfinde.

Da ist von einer Theologie die Rede, welche „auf diese gezielt konstruierte Geschichte vom Gottessohn in der armseligen Herbergskrippe eine gewaltige Christ-der-Retter-ist-da-Mythologie türmt“. Dann geht es weiter. Sie reden von „einer Kirche, der auch vorsätzliches Irreführen und Ausnutzen der Arglosigkeit eines unwissenden Publikums als Mittel gerade recht sind“. Am Schluss dann der Henkel'sche Superlativ von „Gläubigen, denen es egal zu sein scheint, womit sie sich in eine feierliche Stimmung versetzen lassen“.

Das ist die Ouvertüre Ihres Weihnachtsbriefes.

Die Theologie betrügt mit einer „gezielt konstruierten Geschichte“. Die Kirche betrügt durch „vorsätzliches Irreführen und Ausnutzen der Arglosigkeit eines unwissenden Publikums“. Die Gläubigen betrügen sich selbst, weil sie sich „in eine feierliche Stimmung versetzen lassen“ wollen.

Meine Zusammenfassung des Henkel'schen Urteils: „Betrügerisch“ ist die Kirche, und „dumm“ sind die Gläubigen.

Ich hatte fast Mitleid mit Ihnen, als Sie mir schrieben, wie Sie sich durch die massive Kritik der „Frommen“ an Ihrem Buch *Ach, der Himmel ist leer* bedrängt und verletzt fühlten. Jetzt entnehme ich Ihrem Brief, dass Sie gar nicht so ein Sensibelchen sind, wie ich annahm – jedenfalls nicht beim Austeilen. Das soll es ja auch bei großen Boxern geben: gewaltige Schlagkraft, aber leider gläsernes Kinn.

Ich habe Sie in meinem letzten Brief sogar zu beruhigen versucht mit dem Hinweis, dass Fanatismus rücksichtslos macht und dass Rücksichtslose sich auch auf Ihrer Seite befinden. Das war eher mit einem Augenzwinkern geschrieben: „Verrückte" gibt es halt zu allen Zeiten und auf allen Seiten. Hauptsache, wir beide gehören nicht dazu.

Jetzt stehe ich da im kurzen Hemd und pudelnass vom Schwall Ihrer Beschimpfungen meines Glaubens.

Nachdem die erste Welle in Ihrem Brief vorbeigerauscht ist, kommt gleich die zweite in Gestalt der schon lange bekannten Serie „biblischer Lügen", welche die historische Wissenschaft inzwischen bloßgestellt habe.

Dazu zweierlei:

Einmal abgesehen von der schlichten Wahrheit, dass man antike Texte nicht wie eine moderne Nachrichtenmeldung lesen kann: Ich würde mich an Ihrer Stelle nicht so felsenfest auf Geschichtsforschung und Archäologie verlassen. Die Geschichtsschreiber korrigieren sich, solange es sie gibt. Das ist geradezu das Brot der Geschichtswissenschaft. Denn hätten sie alles endgültig klargestellt, müssten die Historiker längst kollektiv Hartz IV beantragen, weil sie dann allesamt arbeitslos geworden wären. Es gäbe nämlich nichts mehr zu forschen und zu widerlegen.

Die Archäologie ist auch nicht so sicher, sondern teilt in regelmäßigen Abständen ihre neuesten Standortergebnisse mit, und dabei revidiert sie oft ältere. Über die Lage Trojas ist man sich allerdings bis heute noch nicht einig.

Es ist richtig, es gibt klare Fehler und entlarvte Irrtümer auch in der biblischen Erzählung. Daneben gibt es aber auch zweifelsfreie und ganz erstaunliche historische Bestätigungen der Bibel. Und für manches, was Sie als konstruierte Geschichte bezeichnen, gibt es sogar Indizien, dass es real ist.

Sogar der „Stern von Betlehem“, über den Sie spotten, kann tatsächlich zu jener Zeit am Himmel geleuchtet haben, vielleicht als Komet, wie Astronomen aus Rom, Ägypten, Babylon und sogar aus China berichten. Astronomen sind penible Leute. Johannes Kepler entdeckte in der Weihnachtszeit 1603 jene Sternkonstellation, die in alten Texten für die Zeit vorausgesagt worden war, in welcher der Messias erscheinen sollte. Ist also auch der große Hofastronom und Mathematiker Kepler ein Mitverschwörer, gar ein Inspizient der betrügerischen Inszenierung, auf der Ihrer Meinung nach die Bibel beruht? Oder vielleicht ist dieses Detail der Weihnachtsgeschichte, auf das es gar nicht ankommt, gar nicht aus der Luft gegriffen.

Aber wie dem auch sei, von Details der historischen und archäologischen Forschungsergebnisse, so interessant sie auch sind, hängt mein Glaube an Jesus nicht ab. Und Sie selbst sind sich Ihrer forsch formulierten Gegenthesen zu den biblischen Berichten auch nicht so sicher, wie Sie sich geben. Sie leiten Ihre Einwände mehrmals mit „vermutlich“ ein.

Auf das Fundament der Geschichtswissenschaft, die mit der Methode „trial and error“ arbeitet, würde ich jedenfalls nicht gerne meine ganze Glaubensexistenz bauen wollen. Da wüsste ich ja bis zum Schluss nicht, was ich für wahr halten kann. Da sind mir die biblischen Geschichten mit ihren Doppeldeutigkeiten lieber. In ihnen suche ich mit Vernunft und Vertrauen nach dem Kern der Botschaft der Bibel. Selbst im Beiwerk der biblischen Nachrichten entdecke ich dabei Wichtiges. Ob der Messias in Betlehem oder Nazaret zur Welt kam, ist für mich nebensächlich. Aber dass er nicht am Hofe des Herodes in Jerusalem oder im Kaiserpalast in Rom geboren sein soll, sondern in einem Kaff und dass Hirten sein erstes Hofpersonal waren, das bringt mich auf ganz verwegene Gedanken. Man kann die Weihnachtsgeschichte auch als eine Herausforderung an die Mächtigen lesen.

So neu ist die Erkenntnis im Übrigen nicht, dass die Bibel mit Widersprüchen gespickt ist und Ungenauigkeiten enthält. Für die Erschaffung Evas gibt es beispielsweise zwei Versionen: Einmal wird sie zusammen mit Adam geschaffen, und ein andermal wird sie aus der Rippe Adams gebildet. Dieser Widerspruch steht in der Bibel und ist kein Geheimnis. Jeder konnte und kann ihn dort finden. Und Mose erreicht in einer Version das gelobte Land; in einer anderen darf er es nur sehen. Solche Ungereimtheiten liegen offen zutage – und sind nie versteckt worden.

Das und noch viel mehr weiß die historisch-kritische Methode der Bibelkritik seit mehreren Jahrhunderten. Mit diesen Erkenntnissen sind ganze Bibliotheken gefüllt worden, und jede Theologische Fakultät hat sie im Lehrangebot – Zugang frei.

Eine Sensation ist es also nicht, was Henkel triumphierend auftischt. Und zwar deshalb nicht, weil (1) auch die Bibelkritik noch weitere neue Erkenntnisse zutage fördern wird und weil (2) die biblische Botschaft in ihrem Kern dadurch nicht verändert und schon gar nicht geschmälert wird.

Ich fasse Henkels *polemische Kritik* zusammen: Betlehem ist gar nicht der Geburtsort Jesus, sondern wahrscheinlich Nazaret. Die Volkszählung von Kaiser Augustus fand ein paar Jahre später statt (wenn überhaupt). Die drei Weisen, die Hirten und der Stall sind allesamt Erfindungen.

Werter Gegenspieler Henkel, um es in der Sprache des Bolzplatzes zu sagen: Ob Jesus in Betlehem oder Nazaret geboren wurde und ob Hirten dabei waren und drei Weise aus dem Morgenland angereist kamen und Engel jubelten und ob Jesus ein paar Jahre vor oder nach dem Jahre Null zur Welt kam, vor, nach oder mitten in der Volkszählung – ehrlich gesagt: Es ist mir egal. (Auf dem Bolzplatz würde man sagen: „Es geht mir am Hintern vorbei.“)

Für mich ist das alles entscheidende Ereignis, dass Menschen den Heiland erwarteten, dass Gott Mensch wurde, dass eine neue Zeitrechnung begann.

Diese drei Botschaften sind der Kern der Weihnachtsbotschaft.

Für Sie sind sie Hollywood?

Ist für Sie auch alles Weitere im Neuen Testament nur Hollywood?

Jesu Verurteilung und Kreuzigung – Hollywood? Das leere Grab und die Auferstehung – Hollywood?

Vorsicht, lieber Henkel, unterschätzen Sie Hollywood nicht. Wie man ein Spektakel unter die Leute bringt, das hätte der Spielberg besser inszeniert, wahrscheinlich sogar an einem anderen Ort und zu einer anderen Zeit und mit großem Aufwand. Spielberg hätte dafür hervorragende Schauspieler eingesetzt, und diese Stars hatten das Beste ihrer Kunst gegeben (allerdings für viel Geld). Die Apostel gaben ihr Leben. Ja, das Leben!

Petrus, den gab's (!). Er starb den Märtyrertod.

Paulus, den gab's auch (!). Er starb den Märtyrertod.

Die zwölf Apostel reisten durch die ganze Welt, jedenfalls den Teil, der ihnen damals bekannt war. Einer soll bis Indien gekommen sein. Allesamt waren das keine Vergnügungsreisen. Und sie verkündeten auftragsgemäß ihre Sendung, das Evangelium.

Wenn das ganze Neue Testament, wie Sie behaupten, aus „Propaganda“, „emotionsbefrachteten Unwahrheiten“, „herzerwärmenden Illusionen“ besteht, haben sich die Erfinder des Betrugs anscheinend ein schlechtes Personal ausgesucht. Harmlose Fischer, verachtete Zöllner, Tuchmacher – kein Rabbi, kein Gelehrter war dabei. Auch kein reicher

Mann. Paulus, der Intellektuelle, rühmte sich, dass er immer mit seiner Hände Arbeit, als Zeltmacher, sein Brot verdiente: Alles bescheidene Leute, keiner aus dem Establishment. Für eine große Verkaufsshow gibt es geeignetere Promotoren.

Mit zwölf Mann und einem scheinbar zusammengewürfelten Haufen als Management gründete der Chef Jesus eine Weltfirma. Das ist das Personal, welches Sie mal kurzerhand als gerissene Betrüger und Betrogene darstellen.

Auf so ein Drehbuch wäre in ganz Hollywood niemand gekommen. Betrüger, die den Betrug nicht durchschauen, mit dem sie die alten Mächte und Religionen aus den Angeln gehoben haben und für den sie Entbehrungen, Qualen, Folter und Tod erleiden, das ist, mit Verlaub gesagt, Herr Henkel, ein ungewöhnliches Ensemble und eine überraschende Dramaturgie.

Mit der Geburt Jesu veränderte sich die Welt. Sie, Herr Henkel, stellen die folgenden 2000 Jahre als die Zeit des Versagens und der Verbrechen des Christentums dar. Niemand kann bestreiten, dass Christen nicht immer Christen waren und sind. Aber ich stelle Ihrer Behauptung die Behauptung entgegen, dass wir die Erben einer christlichen Kultur sind, welche die Welt ins Hellere gebracht hat. Die Frohe Botschaft ist jedenfalls freundlicher als fast alles, was das Christentum überwinden musste.

Ohne Jesus gäbe es auch keinen Franz von Assisi, keinen Thomas von Aquin, keine Mutter Teresa aus Kalkutta – und keinen Maximilian Kolbe in Auschwitz. Keinen Kölner Dom, keinen Dante, keinen Michelangelo, keinen Johann Sebastian Bach.

Sie werden nicht bestreiten, dass Jesus nicht nur ein Neues Testament verkündet hat, sondern eine „neue Zeit".

Jesus ist Menschensohn und Gottessohn, das bleibt für alle Zeiten *die* Sensation des Glaubens. Damit setzte die

„Heimholung" eines fernen Gottes ein, der dennoch transzendent bleibt. Jesus bleibt Gott, aber Gott wird Mensch. Keine Phantasie reicht aus, um dies darzustellen, und kein Verstand, um es ganz zu begreifen.

Aber so aggressiv und undifferenziert, wie Sie den Atheismus darstellen, muss der Atheismus, Gott sei Dank, gar nicht agieren. Es gibt andere Beispiele.

Ernst Bloch

Ernst Bloch, der große Philosoph und Marxist, hat den weltgeschichtlichen Einschnitt, der in der Geburt Jesu liegt, als „revolutionäre Enttheokratisierung" charakterisiert. Ernst Bloch schöpft aus dem prophetischen Gehalt der Bibel utopische Dynamik: „Ich werde sein, der ich sein werde, ist nun wirklich die Essenz, die Entelechie der Gottesvorstellungen des Alten wie Neuen Testamentes, worin ja immer eine Zukunftsbeziehung stattfindet", schreibt Bloch. Aus diesem Fundus schöpft Bloch seine utopischen Zukunftsvisionen.

Bloch weist auch auf die soziologische Merkwürdigkeit hin, „die kaum eine andere Religionsschrift der Erde aufweist: dass die Bibel nämlich überall gelesen und auch verstanden werden kann". Milliarden von Menschen war und ist die Bibel ihre religiöse Wegzehr. Darüber geht Henkel hinweg mit einem flotten Betrugsverdacht, so mal hingeschrieben. Mit einem Handstreich wird der Glaube von Millionen von Menschen vom Tisch gewischt. Oder habe ich Sie falsch verstanden?

Große Evolutionen löste die biblische Botschaft aus, und selbst welterschütternden Revolutionen bahnte sie den Weg. „Let my people go" ist die Internationale der Sklavenbefreiung bis in unsere Tage.

Die biblischen Propheten verkünden den Aufruhr gegen

Unterdrückung. „Deine Fürsten sind Aufrührer und eine Bande von Dieben", ruft Jesaia hinaus. „Ach, sie ist zur Dirne geworden, die treue Stadt. Einst war dort das Recht in voller Geltung, die Gerechtigkeit war dort zu Hause, jetzt aber herrschen die Mörder" (Jes 1,23a und 21). Das ist Rebellion für Recht und Gerechtigkeit.

Alles Hollywood? Alles Betrug?

Milan Machovec

Milan Machovec, Atheist, Marxist und Prager Reformer, fragt: „Gibt es im Kosmos wirklich ‚Höheres', auf das hin menschliche und gesellschaftlich-geschichtliche Intentionen orientiert sind?" Und Machovec begibt sich auf eine biblische Spurensuche. Sich von der üblichen marxistischen Interpretation absetzend, erklärt er, dass man die „existenziale Rolle der Bibel nicht einfach durch Klassenkämpfe erklären" könne.

Alles Hollywood?

Bert Brecht

Bert Brecht antwortete auf die Frage, welches Buch er auf eine einsame Insel mitnehmen würde: „Sie werden lachen, die Bibel."

Brecht, das zynische Schlitzohr. Hat er es diesmal ernst gemeint? Die Bibel versammelt wie kein anderes Buch der Welt die elementaren Grundkonstellationen des menschlichen Lebens in sich: Freiheit oder Unterwerfung, Sieg oder Niederlage, Heldentat oder Feigheit, Liebe oder Hass, Treue oder Verrat, Glück oder Unglück, das Gute oder das Böse.

Brecht hat ein ganzes Theaterprogramm aus diesem Fundus geschöpft: *Hauspostille*, *Kalendergeschichten*, *Der gute Mensch von Sezuan*, *Mahagonny*, *Mutter Courage*, *Galilei*, *Mann ist Mann*, *Die heilige Johanna der Schlachthöfe*. Alle aus dem Fundus der Bibel.

Ist sogar der gewitzte Brecht durch den biblischen Betrug hinters Licht geführt worden, oder steht hinter Brechts Stücken gar die Suche nach einer Verheißung, die biblisch inspiriert ist? Warum sonst die biblischen Substrate, auf die er zurückgreift? Brecht hat jedenfalls die Bibel als Stofflieferanten der amerikanischen Traumfabrik namens Hollywood vorgezogen.

Ich bitte um Nachsicht und Geduld, lieber Peter Henkel. Geben Sie die Hoffnung auf meine Zähmung nicht auf. Ich verliere schon beizeiten die Lust, weiter auf dem Bolzplatz zu toben, und betrete dann wieder mit Ihnen den gepflegten Rasen der gehobenen Konversation.

Zur Wiedergutmachung erzähle ich Ihnen im nächsten Brief meine biblischen Lieblingsgeschichten und versuche zu erklären, welche „Wahrheiten" ich damit verbinde – wenn Sie wollen: Abraham opfert seinen Sohn Isaak – die Geschichte ist eine Zumutung; der „Samariter", der den unter die Räuber Gefallenen rettet, ist mein sozialpolitisches Memorandum; eine Auswahl der Geschichten von einem Mann namens Jesus habe ich außerdem im Angebot.

Lassen Sie es mich wissen, was Sie von meinem Vorschlag halten.

Nichts für ungut, lieber Herr Henkel: Was sein musste, musste sein.

Ihr Norbert Blüm

PS. Warum, lieber Herr Henkel, sind Sie eigentlich am Heiligen Abend zum Christkindlsegen in die Pfarrkirche Bad Ischl gegangen?

Stuttgart, 15. Januar 2012

Verehrter Doktor Blüm!

Meine Frau riet mir, nun ja nicht der Losung *Auge um Auge, Zahn um Zahn* zu folgen (obwohl die doch in der Hl. Schrift steht und insofern eigentlich okay sein müsste). Vielmehr solle ich erwidern mit einem Gleichnis nach Bibelart. Brillant konstruiert müsse es sein und am besten auch noch witzig.

Jedoch würde ein solcher Versuch einen westfälischen Schwerblüter heillos überfordern. Stattdessen kam ihm die Idee, der Deutsche Fußballbund täte gut daran, bei der Prävention gegen Ausschreitungen in Stadien schon bei gewissen Bolzplatzbenutzern anzufangen. Obendrein drängte sich ihm die Frage auf, was ER zu Ihrem jüngsten Brief wohl sagen würde. Würde ER sich freuen über den enormen Glaubenseifer seines zwar gelegentlich schwankenden, im Ernstfall aber doch verlässlich frommen und sogar erstaunlich orthodoxen Knechtes Norbert? Oder würde ER doch ins Sinnieren geraten, ob diese Epistel so recht aus dem Geiste der Brüderlichkeit geschrieben sei?

Zurück zum tierischen Ernst. Ich hatte gehofft und war sogar zuversichtlich, dass unser Briefwechsel zwar temperamentvoll ausfallen und von beiden Seiten Klartext hervorbringen würde. Nicht gefasst war ich aber auf persönliche Attacken. Ich schlage dringlich vor, auf dergleichen zu verzichten. Erstens wird diese Tonlage mir nicht gerecht. Zweitens dürfte jedenfalls das Gros unserer Leser solche Ausfälle eher nicht schätzen.

Der Verzicht fiele Ihnen sicherlich leichter, wenn Sie meine Kritik am Gottesglauben oder an kirchlichen Bräuchen fürderhin nicht so auffassten, als ziele sie auf Norbert Blüm.

Ich muss glaubenskritische Einwände vorbringen und auch bemängeln dürfen, wie konsequent sie beispielsweise an Heiligen Abenden weltweit ignoriert werden, ohne dass mein hochverehrter Brieffreund sich persönlich beschimpft fühlt und dann in seiner Aufregung, um in der Boxersprache zu bleiben, ganze Serien sogenannter Heumacher in die Luft schlägt.

„Die Gottlosigkeit zählt zu der großen Tragödie der Menschheitsgeschichte. Hinter der Leugnung Gottes liegt bisweilen eine versteckt-verzweifelte Anspannung zur Selbsterhöhung" (O-Ton N. B.). Über so etwas jammere ich doch auch nicht, obwohl ich also in Ihren Augen – ganz am Rande, aber immerhin – beitrage zum Unglück der Gattung und von der Untugend der Selbstüberschätzung zumindest bedroht bin oder sogar ihr schon verfallen.

Kurzum, mir wäre eine Rückkehr zu Fairness und Sachlichkeit willkommen. Zu diesen beiden Tugenden gehört bekanntlich, die Position des Widersachers einigermaßen korrekt wiederzugeben anstatt Pappkameraden aufzustellen.

So hatte ich das Etikett *Hollywood*, von mir selbst eingeführt als „knapp und derb", ausschließlich auf die Weihnachtsgeschichte gemünzt; dass Sie es mir vermittels rein rhetorischer Fragen auch in ganz anderen Zusammenhängen unterjubeln wollen, ist unfein und durchsichtig. Ferner: Damalige Messias-Erwartungen und der Beginn einer neuen Zeitrechnung sind historische Realitäten, wieso sollten sie für mich Phantasieprodukte sein? Oder: Nie und nirgends habe ich die 2000 Jahre seither als „Zeit des Versagens und der Verbrechen des Christentums" bezeichnet; da gab und da gibt es auch ganz anderes, und eben dies hebe ich immer wieder ausdrücklich hervor, übrigens anders als manche oberflächlichen Kirchenhasser und Glaubensverächter. Mitnichten auch habe ich die Erkenntnisse historisch-kritischer Forschung aufgetischt als sensationelle Neuigkeiten; ich finde es nur einigermaßen befremdlich, wie wenig diese Erkenntnisse ihren Niederschlag finden im bis heute gänzlich unkritischen Umgang kirchlicher Verkündigung mit der Bibel; und ich staune anhaltend, wie wenig eben dies Sie und andere stört – Menschen, denen Redlichkeit doch gewiss ein hohes Gut ist und die Maxime *Der Zweck heiligt die Mittel* auf anderen Feldern ein Gräuel.

Ich denke auch nicht im Mindesten daran, die zwölf Jünger mit Begriffen wie Betrüger oder Betrogene zu belegen oder mit Vokabeln wie „biblische Lügen“ hausieren zu gehen. Wie ich überhaupt Andersdenkende für gewöhnlich nicht mit Prädikaten wie „dumm“, „gerissen“, „betrügerisch“ etc. bedenke.

Die Beispiele ließen sich vermehren. Und dann könnte gegrübelt werden, warum der wackere Verteidiger des Glaubens zu solchen Unterstellungen und Verzerrungen greifen zu müssen meint.

Lieber will ich aber Ihre Frage beantworten, warum ich am Heiligen Abend in der Ischler Pfarrkirche war. Ganz einfach: Es ergab sich durch Zufall, und erst danach, wieder in der frischen abendlichen Salzkammergutluft, entschloss ich mich spontan, darüber einen Beitrag für unser Buch zu schreiben. Ich war aber auch dort, weil ich nicht nur keine Berührungsängste hege gegenüber diesem Glauben und seinen Anhängern, sondern noch immer keineswegs unempfänglich bin für das, was da stattfindet. Ich hatte Ihnen geschrieben, dass mir der Glaube einmal viel bedeutete. Frank und frei: Das Sehnen, das Brennen in der Seele und in den Augen spüre ich heute sogar intensiver als damals. Und im Übrigen weiß ich doch, dass sie alle, die dort sprechend und hörend beteiligt waren, *es ja nur gut meinen mit sich und den anderen.* Wie überhaupt Christentum und Christsein von einer großen Mehrheit begriffen werden als Inkarnation des Guten – umso schlechter sind die Karten von unsereinem, wenn es auch nur darum geht, sich Gehör zu verschaffen, von Zustimmung gar nicht zu reden.

Aber: Erhebende und erhabene religiöse Gefühle, das Ergriffensein von der Dichte des biblischen Dramas, von der Wucht des *Friede auf Erden!* oder der Absage an bloß äußeren Reichtum, die Heilsverheißung und die wärmende Vertrautheit mit den Geschichten aus Kindertagen – das alles und vieles mehr ist das eine, und ich bin weit davon entfernt, es verächtlich zu machen oder als unerheblich abzutun. Das andere, Gewichtigere, am Ende Ausschlaggebende ist aber die schmerzhafte Einsicht, dass die theologisch-religiöse Basis von alldem Fiktion ist. Dafür steht exemplarisch eine bloß fiktive und dennoch unzählige Male als mehr oder weniger reales Geschehen instrumentalisierte Weihnachtsgeschichte.

Das war meine Botschaft an Sie. Keine frohe, gewiss. Aber auch keine, die Wutausbrüche rechtfertigt. Und ich habe inhaltlich nichts davon zurückzunehmen. Dass Jesu Geburtsjahr, -ort und -umstände für Ihren Glauben irrelevant sind, nehme ich Ihnen sofort ab – hat aber, wie Sie einräumen werden, mit meiner Kritik nichts zu tun. Im Übrigen werden wir auf den Mann aus Nazaret noch eingehender zu sprechen kommen müssen. Für Sie ist er menschgewordener Gott und überhaupt eine uneingeschränkt positive Gestalt. Für mich weder das eine noch das andere – was ich mit Bibelstellen zu begründen versuchen werde.

Wir müssen aber achtgeben, dass wir nicht zu sehr aneinander vorbeireden. Immer wieder kommen Sie darauf, was Christsein für Sie praktisch bedeutet. Unser zentrales Thema ist aber die Frage nach der Existenz dessen, den der Mann aus Nazaret als seinen Vater bezeichnet haben soll. Und dazu will ich in dieser heiklen Phase unseres Dialogs etwas Grundsätzliches festhalten: In der Religionsgeschichte gibt es den Begriff des *sacrificium intellectus*. Da denke ich an mehr als nur die Opferung des Verstandes zugunsten eines Glaubens, der eben dieses Opfer von mir will. Klar, ich könnte doch meinen Verstand hergeben und meine Vernunft. Schließlich sind sie irrtumsanfällig, und der Glaube hat ja so unendlich viel zu bieten – oder besser, weil Norbert Blüm sonst erneut herausstreicht, dass es da nicht um ein Geschäft geht: zu verschenken. Aber ich gebe meinen Verstand und meine Vernunft nicht her. Das hat etwas zu tun mit Würde.

Und auch das muss ich so empfinden und so sagen dürfen. Und zwar, um seinem nächsten Aufschrei zuvorzukommen, ohne dass mein hochverehrter Brieffreund mich anklagt, damit ihn und alle anderen Gläubigen hinten herum verunglimpft zu haben als vernunft- und würdelose Wesen.

Hochverehrter Herr Doktor Blüm! Als Sie und ich anno dazumal Germanistik studierten in Bonn, da haben wir die romantische Epoche in der deutschen Literatur mit Stichworten wie diesen zu umreißen gelernt: Hinwendung zu Sagen, Mythen und Wundern, Faszination durch Phantasie und Phantastisches, Sehnsucht nach Übernatürlichem und Übersinnlichem, nach Aufhebung und Verschmelzung von Gegensätzen, Verklärung von Natur und Sein, Lob der Einfachheit, schwärmerische Suche nach dem Idealen, Vollkommenen, Absage an einen als vernünftelnd diskreditierten Rationalismus, wie er kennzeichnend war für die vorangegangene Phase der Aufklärung.

Es springt ins Auge, wie sehr diese Elemente in der Weihnachtsgeschichte von der Geburt des Erlösers, des Heilsbringers, zu finden sind. Mehr noch: in der abendländischen Religion insgesamt, auch und gerade in ihren populären, dogmatisch aufgeweichten Varianten. Jeder Gottesdienst ist ein Hochamt des Romantischen, wenn man dessen innerstes Wesen als Wunscherfüllung begreift, als Antwort auf Sehnsüchte, als Spiegel unseres Seelenlebens. „Und erlöse uns von dem Übel", heißt es im Vaterunser, und davon gibt es ja reichlich: Schuld, Sterblichkeit, Einsamkeit, Leere, Sinnverlust, Schicksalsschläge oder die Triumphe des Bösen. Gott und Glaube sollen das alles hindern, heilen, abmildern oder zumindest irgendwann und irgendwie ausgleichen. Am Ende, das ist ja dieses grandiose Versprechen von Religion(en), *wird irgendwie alles gut.* Zumindest wenn man dran glaubt.

Buchstäblich nichts spricht dafür, dass das Versprechen eingelöst wird. Es war ja auch bloß Teil eines Selbstgesprächs.

Ihre eigenen Hinweise, die Sie zur Gottgläubigkeit hinführen, scheinen mir durchgängig von eben jenem romantischen Denken geprägt. Die Idee einer absoluten Vollkommenheit sei der menschlichen Natur eingegeben, schrieben Sie, alles Unvollkommene setze Vollkommenheit voraus, und auch darin, dass Menschen über den Tod nachdenken (können) und ihre Toten bestatten, sehen Sie eine Spur zu Gott. Und wie so viele werten Sie das Alter und die Universalität des Phänomens Religion als Indiz dafür, dass Transzendenz eben keine Fata Morgana sei, sondern dass an solchen Vorstellungen etwas dran sein muss, das nicht vom Menschen stammt.

Hier legt der Atheist entschiedenen Einspruch ein, und zwar weil er eine grundsätzlich andere Herangehensweise für angemessen und für notwendig hält: eine, zugegeben, unromantische, spröde, mit der im Reich des Sehnens, Träumens und unaufhörlichen affirmativen Deklamierens kein Staat zu machen ist.

Zur Idee einer absoluten Vollkommenheit sagt unsereiner, dass sie wahrscheinlich erstens ein bloßer Begriff ist und zudem eine Abstraktion, die unser Vorstellungsvermögen überschreitet; vor allem aber, dass sie ganz gewiss nicht unserer Natur eingegeben ist. Sondern – und da kommen wir an einen für jede Religionskritik zentralen Punkt – der Mensch hat diese Idee erst *erworben*. Denn auch sie ist das Ergebnis von Evolution. Die Geschichte des Begriffs der Vollkommenheit handelt davon, dass frühe Menschen auf den sehr naheliegenden Gedanken kamen, dass immer etwas besser sein könnte, als es jeweils ist. Leben ist Kampf um Energie. Sie ist es, die der Mensch unbedingt braucht, um am Leben zu bleiben. Zugeführt wird sie ihm durch Nahrung und Wärme. Es ist nun nichts Rätselhaftes und erst recht nichts, was der Überhöhung bedarf, wenn sich der Mensch in Zeiten und Regionen, da Mangel herrschte, auszumalen begann, dass beispielsweise die erjagte Beute fetter ausfallen, ihn und die Seinen weniger oft ein zerstörerisches Unwetter heimsuchen oder das eine oder andere Sippenmitglied freundlicher, d. h. ihm nützlicher, sein könnte. Dieses jeweils Bessere ist im realen Lebensvollzug für die große Mehrheit der Menschen immer noch weiter steigerbar; und für die philosophisch Veranlagten beschwört es eine Gedankenkette herauf, die bis ins Unendliche reicht und prompt den uralten Hang zum Mysterium kitzelt.

Was Evolution bedeutet, die Reichweite ihrer Wirkungsprinzipien verkennen viele bis heute aufs Gröbste. Dabei gibt sie Antwort auf viele große und kleine Fragen. Denn sie erzählt uns davon, wie es dazu kommt, dass wir, wie in der gesam-

Nur bringt uns die Berufung auf solche Autoritäten ja nicht weiter. Sie kommen mit Bloch, Brecht (der sich gegen seine Vereinnahmung für Ihre Zwecke wehren würde) und anderen, und ich könnte entgegnen mit Demokrit, Schopenhauer, Nietzsche, Büchner und dem Goethe des *Prometheus*. Ich hätte u. a. aber auch noch die Asse Hume, Holbach, Diderot, Feuerbach in der Hinterhand, die Sie wiederum etwa mit Augustinus, Leibniz, Bonhoeffer und Rahner zu übertrumpfen versuchen könnten.

Gewiss, *name dropping* ist im Zusammenhang mit Glaubensfragen populär. Die Devise lautet: Wenn kein Geringerer als Einstein sagt: „Der Alte würfelt nicht", dann wird doch der kleine Wicht Namenlos sich nicht erdreisten zu behaupten, jener Alte, so etwas wie Gott also, existiere ja gar nicht. Abgesehen davon, dass Einstein sich da leider schludrig ausdrückte, denn er glaubte nach eigenem Bekunden niemals an einen persönlichen Gott: Der Wahrheitsfindung dient das Verfahren nicht. Sinnvoll ist das Herbeizitieren bedeutender Köpfe doch nur, wenn ihre Argumente ins Feld geführt und erörtert würden und nicht bloß ihre Zugehörigkeit zu dieser oder jener Fraktion oder gar die Absicht, die Bibel mitzunehmen auf eine Insel. Chronische Berufung auf große Geister, ich bitte um Vergebung, erinnert an das Imponiergehabe von Bolzplatzbenutzern, die im Falle des Aneinandergeratens mit dem großen Bruder drohen. Die Kontrahenten haben halt auch große Brüder …

Unproduktiv scheint mir schließlich, unseren Disput bestreiten zu wollen mit dem Argument, dass ohne Jesus Christus es keinen Franz von Assisi gebe, keine Mutter Teresa und keinen Kölner Dom. Sie riskieren damit Entgegnungen wie diese: Ohne Jesus Christus und die christliche Religion keine Kreuzzüge, keine Inquisition, keine Hexenverbrennungen, kein Dreißigjähriger Krieg, keine europäischen Glaubenskriege, keine brutalen Eroberungsfeldzüge von Conquistadoren in Übersee oder auch nicht jener Anteil an Not und Elend von Milliarden Menschen in den armen christlichen Ländern Asiens, Afrikas und Lateinamerikas, der seit Jahrzehnten verursacht wird durch die Empfängnisverhütungsverbote aus Rom.

Ich halte nichts von solchen wohlfeilen Entgegnungen, die ja bei Kirchenhassern und Glaubensverächtern so hoch im Kurs stehen. Denn obwohl sie so falsch oder so richtig sind wie die Herleitungen, die Sie nahelegen wollen, verfehlen auch sie das Thema. Oder sollen wir zu zählen anfangen, das eine aufrechnen gegen das andere? Oder wollen Sie behaupten, das Erfreuliche sei genuine Folge des Erdendaseins des Nazareners und das Grässliche, das Zerstörerische, nun ja, Menschenwerk?

Mit den besten Grüßen
Ihr Peter Henkel

23. Januar 2012

Lieber Herr Henkel,

ja, Sie haben recht, ich fühlte mich durch Ihren Weihnachtsbrief persönlich „angemacht“. Mich stört der herabsetzende Ton Ihrer Kritik.

Sie, lieber Herr Henkel, sollen Ihre „glaubenskritischen Einwände vorbringen dürfen“, so viel Sie wollen und können. Kritik ist schließlich ein Teil unserer gemeinsamen Wahrheitssuche. Ich bitte Sie nur, nicht hinter allem, was Sie als Unwahrheit identifizieren, Lug und Trug zu vermuten. In diesem Fall ginge es in unserem Briefwechsel nämlich nicht mehr darum, ob es Gott gibt oder nicht, sondern nur noch, wer von uns beiden der bessere Mensch wäre. Unser Streit würde dann zu einem pharisäerhaften Wettbewerb über die Tugendhaftigkeit von Atheismus oder Theismus degenerieren. Das wollen Sie nicht und das will ich nicht. Dabei verstehe ich sehr wohl, dass man Wahrheit und ihr Gegenteil oft erst aus interessengeleiteten historischen Verpackungen befreien muss, bevor sie ans Licht kommen kann. Ideologiekritik ist Bestandteil der Religionskritik. Dazu ist es allerdings nicht erforderlich, alle Gläubigen zu Kumpanen einer großen Verschwörung zu machen. Nach dem Beispiel „Zuerst wird erfunden und gefälscht, dann wird Propaganda gemacht“ (O-Ton Henkel).

Verehrter Herr Henkel, wenn Sie Glauben, Kirche, Theologie generell unter den Verdacht der Lüge und des Betrugs stellen, hört der Spaß bei mir auf. Und dann verfahre ich nach dem bewährten Prinzip: Auf einen groben Klotz gehört ein grober Keil. Das ist die säkularisierte Form der alttestamentarischen Regel „Zahn um Zahn“: Selbst dem sanften Jesus platzte bisweilen der Kragen, und er wurde grob, wie seine Schlägereien mit den Geldwechslern im Tempel beweisen. Aber keine Angst, so weit gehe ich nicht.

Sie, lieber Herr Henkel, entwickeln eine besondere Kunst, Dinge, die Sie sagen, als Sachen darzustellen, die Sie nicht sagen wollen. Meinen positiven Beispielen (Franz von Assisi, Mutter Teresa ...) setzen Sie die abschreckenden (Hexenverbrennungen, Conquistadoren ...) entgegen und fügen dann großherzig hinzu, dass Sie nichts von „solchen wohlfeilen Entgegnungen“ halten. Ja, warum bringen Sie sie dann vor? An anderer Stelle Ihres letzten Briefes akzeptieren Sie, dass das Jahr, der Ort und die Umstände von Jesu Geburt nicht den Kern meines Glaubens ausmachen, und schreiben dann, dass diese Feststellung mit Ihrer Kritik „nichts zu tun“ habe. Ja, warum haben Sie sich dann lang und breit mit diesen Daten und Fakten, die Sie als Erfindung und Fälschung betrachten, beschäftigt und sie als Beweismaterial Ihrer Anklage eingesetzt? Das erinnert mich an Schulhofzankereien: „Ich könnte zu dir Lügner sagen, sage es aber nicht.“

Mit meiner Vermutung, dass hinter der Leugnung Gottes bisweilen eine versteckt-verzweifelte Anspannung zur Selbsterhöhung liege, habe ich keinen moralischen Defekt zu beschreiben versucht, sondern einen psycho-sozialen Trend, den der kluge, kürzlich verstorbene Horst-Eberhard Richter mit dem Anbruch der Moderne verbindet: „Gott geht verloren. Der Mensch will selbst Gott sein.“ Eine Unterstellung, dass Sie und der Atheismus „zum Unglück der Gattung“ beitragen, ist mit dieser Bemerkung nicht verbunden. Mit so großen Kanonen schieße ich selten. Ich rufe Richter zum Zeugen meiner Argumentation, weil diese nicht auf meinem Mist gewachsen ist. Die „Berufung auf große Geister“ hat, ich bitte um Vergebung, nichts mit dem „Imponiergehabe von Bolzplatzbenutzern“ zu tun, „die im Falle des Aneinandergeratens mit dem großen Bruder drohen“, sondern mit dem seit Jahrhunderten bewährten Kombinationsspiel auf philosophischem Rasen, wo man sich den Ball – auch über weite Strecken – zuspielt, um das Spiel weiterzutreiben. Sie werden also mit meinem *name dropping* noch ab und zu leben müssen. Denn nicht alle klugen Gedanken, die ich zu Papier bringe, stammen von mir.

Lieber, sehr verehrter Herr Henkel, wie auch immer, ob atheistisch, frech oder fromm, salopp oder sonst was, ganz trivial: Schwamm über unsere Rüpeleien, auch über meine „Weihnachtsrage“, die Sie als Wutausbruch verstanden haben, sorry!

Ich will mit Ihnen die große „Sache Gott“ verhandeln, und nicht irgendwelche Nebensächlichkeiten. Wir sollten beide der Versuchung der Ablenkung von der Gretchenfrage „Wie hältst du's mit Gott?“ widerstehen und auch dem Blick auf mögliche Leser. Ich schreibe an Peter Henkel, und zwar direkt und nicht mit einem Seitenblick auf die Leser. Sie sind für mich der Adressat meiner Glaubenssicherheiten und meiner Zweifel.

Jetzt schicke ich Ihnen die im letzten Brief angekündigten biblischen Geschichten, in der Hoffnung, etwas von meinem Verständnis von biblischer Sprache und Wahrheit in der Bibel deutlich machen zu können.

Das Thema, das Sie in Ihrem letzten Brief berühren – Wie entstanden die Gottesvorstellungen (etwa sowie die Erfindung des Faustkeils?) –, interessiert mich brennend. Das schwere Thema „Gott und das Böse“ steht ebenso auf unserer Warteliste. – Aber wie sagte meine Mutter? „Ein Kloß nach dem anderen, sonst verschluckst du dich.“ Recht hatte sie.

Also hier mein biblischer Kloß:

Die Geschichte von Abraham und Isaak (Gen 22, 1–14) verfolgt mich seit Kindesbeinen. Ich habe viele Erzählungen der Bibel in meinem Gedächtnis: traurige, lustige, erbärmliche, dreiste, geheimnisvolle, fromme und schreckliche. Aber so grausam wie die von Abrahams Opfer ist keine.

Ich kriege das Bild nicht aus meinem Kopf heraus, das ich in meiner Kinderbibel zum ersten Mal sah: Ein Knabe auf einem akkurat geschichteten Holzstoß, seine Hände sind auf dem Rücken gefesselt, während ein kräftiger Mann mit dem Schlachtmesser weit ausholt, derweil seine Linke die Schulter des Opfers drückt, damit es nicht flüchten kann.

Die Geschichte zum Bild lieferte der biblische Text. Gott befiehlt Abraham, seinen Sohn Isaak zu opfern. Nichtsahnend macht sich Isaak mit dem Vater auf den Weg. Am dritten Tag fragt Isaak den Vater: „Hier ist Feuer und Holz. Wo aber ist das Lamm für das Brandopfer?“ Abraham, der Feigling, antwortet ausweichend: „Gott wird sich ein Opferlamm aussuchen, mein Sohn“ ... und beide marschieren miteinander weiter. Dann fesselt er das Kind und legt es auf den Opferaltar.

Das reicht schon, um mit diesem Gott fortan nichts mehr zu tun haben zu wollen.

Doch die Geschichte geht weiter: Im letzten Augenblick erscheint ein Engel, und eine Stimme ruft: „Streck deine Hand nicht gegen den Knaben aus und tu ihm nichts zuleide! Denn jetzt weiß ich, dass du Gott fürchtest; du hast mir deinen einzigen Sohn nicht vorenthalten.“ Und Abraham schlachtet ersatzweise einen Widder, der sich mit seinen Hörnern im Gestrüpp verfangen hat.

Auch dieses „happy end“ konnte mein Kindergemüt nicht besänftigen. Abrahams Gottvertrauen ist unerschütterlich. Gott verspricht Abraham ein neues Land und eine große

Nachkommenschaft. Abraham gibt sein sicheres Zuhause auf und wird Nomade. Als Schafhirte wandert er durch fremde Länder, durch fruchtbare Gebiete und Wüsten. Hungersnöte begleiten seinen Weg. Abraham zweifelt nie an Gottes Verheißung, selbst als er im verheißenen Land nur eine Höhle sein Eigen nennt, die er als Grab für seine Frau Sara erworben hat. Das alles kann man staunend bewundern. Aber dass ein Vater seinen Sohn ermorden soll, um Gottestreue zu beweisen, ist eine unerträgliche Zumutung und keine Prüfung.

Vielleicht hat die biblische Geschichte von Abraham und Isaak einen ganz anderen Hintersinn. Die Offenbarung Gottes vollzieht sich in der Geschichte; Gott lehrt die Menschen, ihn zu erkennen und besser zu verstehen. Offenbarung vollzieht sich als Prozess, in dem sich das Gottesbild läutert.

Mythische Gottesvorstellungen werden im Fortgang der Gotteserkenntnis abgestreift. Das Neue Testament stellt ein anderes Gottesbild vor als das Alte. Vielleicht ist die Isaak-Geschichte bereits ein Schritt der Abwendung von einer Gottesvorstellung, die überwunden werden soll.

Ist Abraham wirklich der Prüfling dieser Geschichte? So wie es mir als Kind mein Pfarrer Jung im Religionsunterricht erklärt hat? Könnte es sein, dass umgekehrt nicht Abraham, sondern Gott der Prüfling ist? Die eigentliche Prüfungsfrage lautet dann: Bedarf Gott der Menschenopfer? Damals, in der religiösen Umgebung Abrahams, galten Menschenopfer als frommer Gottesdienst. Selbst die hochgebildeten Griechen bewahrten in ihrer Mythologie die Erinnerung an den Kindesmord als Opfer auf. Immerhin war der große Agamemnon bereit, seine Tochter Iphigenie zu opfern.

Die Revolution, welche die Geschichte von Abraham auslöst, ist die Abschaffung eines menschenfressenden Gottes. Der opfergierige Gott, das ist das Gottesbild, das weichen muss. Die Eindringlichkeit dieser Auswechselung wird durch eine sich überschlagende Dramatik gestärkt, in der der alte Gott von Abraham das verlangt, was der neue Gott verhindert, nämlich die Exekution der alten Befehle. In Abrahams Opfergang werden Gottesbilder ausgetauscht.

Jesaja, einer der größten Propheten Israels, geht später noch einen Schritt weiter und ruft den Leuten, die mit ihren Opfern zum Tempel kommen, zu: „Was soll ich mit euren vielen Schlachtopfern?, spricht der Herr. Die Widder, die ihr als Opfer verbrennt, und das Fett eurer Rinder habe ich satt; das Blut der Stiere, der Lämmer und Böcke ist mir zuwider. ... Lernt, Gutes zu tun! Sorgt für das Recht! Helft den Unterdrückten! Verschafft den Waisen Recht, tretet ein für die Witwen!“ (vgl. Jes 1,10–17).

Nicht nur Menschen-, sondern auch Tieropfer lehnt Jahwe also ab. Statt für Gott Tiere zu schlachten, helft den Unterdrückten und Bedrängten: Diese Nachricht überbringt Jesaja als Gottesbefehl.

So wird Gottesdienst zu Menschendienst. Diese Botschaft veränderte die Welt. In der neutestamentlichen Gerichtsfrage, die über die Ewigkeit entscheidet, wird der Mensch nicht nach der Zahl seiner Opfer gefragt, sondern: „Was hast du dem Geringsten meiner Schwestern und Brüder getan?“ (vgl. Mt 25,31–46)

Wer ist Gott? Was ist Wahrheit?

Die biblische Antwort hat keine Formel parat. Gott entfaltet seine Offenbarung in der Geschichte der Menschen. Biblische Wahrheiten sind also auch in der Geschichte ihrer Rezeption enthalten. Die historische und philologische Kritik der Bibeltexte ist deshalb ein notwendiges Werkzeug der Wahrheitsfindung, aber nicht die Wahrheit selbst.

Die Geschichte der Bibelauslegung kennt viele Zugänge. Den Text wörtlich zu nehmen, gilt als eine besondere Errungenschaft der Reformation. Es gehört zu Luthers großen Verdiensten, die Texte der Bibel durch Übersetzung in die Sprache des Volkes dem Volk überhaupt erst zugänglich gemacht zu haben. Sein „sola scriptura" („allein die Schrift") sollte den Glauben von der Fremdbestimmung durch eine hierarchische Expertokratie freihalten und die „Direktverbindung" Gott–Mensch „freischalten".

Doch diese reformatorische Pädagogik des Glaubens stößt an Grenzen. Viele Texte lassen sich gar nicht wörtlich nehmen – das gilt bis heute auch für profane Literatur. Wir bedürfen der Metaphern, der Analogien und Chiffren. Denn Wahrheit ist mehr als eine Rechenkunst. Biblische Aussagen sind oft mehrdeutig. Das gilt nicht nur für Glaubenswahrheiten, sondern für die einfachen Lebensweisheiten und die Erfahrung mit ihnen. Der Satz „Karl liebt Anna 2,3-mal mehr als Rosa" ist z. B. kein Exempel für die Wahrheit der Liebe. Das macht ihren Verständnisüberschuss aus. Das biblische Hohelied ist auch keine Gebrauchsanweisung der Liebe, ebenso wenig wie Goethes

Über allen Gipfeln
Ist Ruh.
In allen Wipfeln
Spürest du
Kaum einen Hauch.
Die Vögelein schweigen im Walde.
Warte nur, balde
Ruhest Du auch.

ein Waldzustandsbericht ist.

Das Hohelied vergleicht die Verzückungen der Liebe mit dem großen, überschäumenden Gottesglück. So umkreist die menschliche Sprache mit Analogien und Gleichnissen die

Wahrheit. Aus dieser Schule kommt der biblische Sprachunterricht.

Die Geschichte der Bibelauslegung ist also auch ein Bericht über die Suche nach Gott, die sich zu keiner Zeit aus dem jeweiligen historischen und kulturellen Zusammenhang lösen kann. Auch wir selbst leben ja in unserem.

Dem Leser steht zum Verständnis des biblischen Textes heute kein Autor mehr Rede und Antwort. Der Leser muss den Weg seines Verständnisses finden – von sich zum Text und zurück. Dabei beginnt der Aufnehmende nicht bei Null. Der Leser wie der Text sind in Kontexte eingebunden, die durch Geschichte und Tradition geprägt sind. Der Gläubige ist kein ahistorisches und asoziales Wesen. Der Sinn der Bibel entfaltet sich auch in der Gegenüberstellung von Entstehungsgeschichte und Rezeptionsgeschichte.

Was ist Wahrheit? Wir nähern uns ihr in einer Kommunikation, die nie traditionslos und gemeinschaftsfern ist und so auch in die Gemeinschaft der Kirche eingebunden bleibt. Der Glaube des Volkes selbst ist eine Glaubensquelle, das ist alte kirchliche Lehre. Auch die päpstliche Glaubensverkündung schöpft aus dem Glauben des „Volkes Gottes".

Es besteht auch kein Grund, von einer vermeintlich hohen Warte der modernen Informationsgesellschaft aus auf die biblische Sprache der Metaphern und Allegorien, der Parabeln, der Berichte, Sprüche und Ratschläge herabzusehen. Die Informationsgesellschaft ist zwar stolz auf die Faktizität ihrer Informationen. Doch bei genauerer Prüfung entpuppt sich ein großer Teil ihrer Transportmenge als „heiße Luft".

Der „Wissenswert" der Informationsgesellschaft steht oft in umgekehrt proportionalem Verhältnis zu ihrem „Wahrheitswert". Wir wissen viel faktisches Unwissen.

Den Vergleich beispielsweise mit der Sprache der Werbung braucht die biblische Sprache nicht zu scheuen. Jedenfalls tendiert der sachliche Inhalt einer Werbung, in der Kaffeemaschinen als „geil“ und Autos als „steil“ bezeichnet werden, gegen Null. Ich bezweifele auch den Informationswert des Twitterns und ähnlicher Kurzmitteilungen, die dem Rülpsen gleichkommen, jedenfalls wenn es um Wahrheitssuche geht.

Das sind meine Anmerkungen zur biblischen Botschaft am Beispiel „Abraham und Isaak“.

Die außerdem versprochene Samaritergeschichte (vgl. Lk 10,25–37) ist im Unterschied dazu nicht mein alttestamentliches Problemstück, sondern mein neutestamentliches Glanzstück. Der Samariter lädt zur Nachahmung und auch zur Nutzung als Beispiel in feierlichen Reden ein; denn das Gleichnis ziert jeden Festvortrag, wo auch immer – im Rotary Club oder sonstwo –, wenn zu einer Spendenaktion aufgerufen wird. Es schmückt auch jede Katholikentagsrede über Soziales. Selbst Atheisten finden es gut – oder?

Das Samariter-Gleichnis hat jedoch einen harten Kern, der über die Methoden der ambulanten und stationären Hilfen hinausgeht. Es bietet mehr als Sozialpolitik.

Zunächst jedoch der sozialpolitische Teil:

Der Samariter hilft.

Der Samariter hilft praktisch.

Der Samariter hilft praktisch und nachhaltig.

Der Samariter geht anders als der Priester und der Levit nicht an dem Opfer des Raubüberfalls vorbei.

Der Samariter hilft nicht mit Worten, sondern tut etwas.

Der Samariter hilft nachhaltig, weil er sich um den Fortgang der Heilung kümmert.

Er lud den Verletzten in sein Fahrzeug (das war der Esel), brachte ihn in die nächste Sozialstation (das war ein Wirtshaus) und kündigte dem Wirt an, wiederzukommen, nachzusehen und zu bezahlen. Das Vorgehen des Samariters ist durch Spontaneität und Nachhaltigkeit gekennzeichnet.

Als gelernter Sozialpolitiker füge ich, das Neue Testament „verbessernd“, hinzu: Es wäre gut gewesen, wenn der Mann sich auch darum gekümmert hätte, die Räuber zu fassen, und sich außerdem Gedanken darüber gemacht hätte, wie Raubüberfälle zukünftig verhindert werden können. Dann hätte er sich für die entsprechenden gesellschaftlichen Reformen einsetzen müssen. Tätige Hilfe und strukturelle Gesellschaftspolitik gehören nämlich so zusammen wie Barmherzigkeit und Gerechtigkeit.

Gerechtigkeit ohne Barmherzigkeit vergisst die jetzt Unterdrückten und Leidenden und vertröstet sie möglicherweise auf eine goldene Zukunft, welche die Unterdrückten und Leidenden selbst nicht mehr erleben werden. Barmherzigkeit ohne Gerechtigkeit dagegen missrät zur Fluchthilfe für Unterdrückung. Mit Almosen einen Diebstahl wettmachen ist eine bekannte Methode, die allerdings weder den Diebstahl verhindert noch die Gründe dafür, z. B. Not und Armut, beseitigt. Punktuelle Sozialpolitik ersetzt nicht strukturelle Gesellschaftspolitik und umgekehrt.

Die Revolutionäre gingen mit ihren Visionen einer heilen Zukunft allzu oft über die Leichen der Gegenwart; und die Nothelfer der Gegenwart vergaßen über ihren guten Werken oft die Sorge für eine Zukunft mit weniger Not.

Das wär’s, was ich zum Samariter-Gleichnis beizutragen habe.

Nein! Vielleicht ist die Story nur der Vordergrund des Samariter-Gleichnisses. Im Samariter-Gleichnis geht es im Kern um die elementare Frage: „Wer ist mein Nächster?“ Und die Antwort gibt auch über die Frage Auskunft, was der Mensch sei!

Ist der Mensch als Individuum nur für sich selbst zuständig, wie die Neoliberalen behaupten, oder ist der Mensch nur ein Gattungswesen, dessen Schicksal im Kollektiv geregelt wird, wie Karl Marx proklamierte?

Das Samariter-Gleichnis wird durch die Fangfrage eines heimtückischen Schriftgelehrten an Jesus provoziert: „Und wer ist mein Nächster?“ (Lk 10,29)

Zu jener Zeit war vonseiten der Etablierten bereits die Jagd auf Jesus freigegeben worden. Den Schriftgelehrten war Jesus ein Dorn im Auge. Auch Judas hat später von dieser Jagd profitiert.

Ein „Gesetzeslehrer“ fragt Jesus, um ihn auf die Probe zu stellen, was er tun müsse, um das ewige Leben zu gewinnen. Jesus dreht souverän den Spieß um und lässt ihn selbst antworten: „Du sollst den Herrn, deinen Gott, lieben mit ganzem Herzen und ganzer Seele, mit all deiner Kraft und all deinen Gedanken und: Deinen Nächsten sollst du lieben wie dich selbst.“ (Vgl. Lk 10,25–27)

So steht es schon bei Mose. Abgeblitzt! Aber der Denunziant gibt so leicht nicht auf. Ich stelle ihn mir vor, wie er hastig mit heller Stimme nachsetzt: „Und wer ist mein Nächster?“ Darauf antwortet Jesus nicht mit einer Definition, sondern mit dem Gleichnis vom barmherzigen Samariter.

Die korrekte Antwort für den Schriftgelehrten wäre gewesen: „Mein Volksgenosse“.

Jesus umgeht aber mit dem Samaritergleichnis alle Fallstricke der rabbinischen Spitzfindigkeit und sprengt den engen Bundesbegriff der orthodoxen Juden. Nicht der Volks-, Rassen- oder Klassengenosse ist der Nächste. Der Nächste ist der Verletzte und Notleidende – egal, woher er kommt und warum er leidet.

Ausgerechnet den Samariter, der zu den Verachteten des Landes zählte; ausgerechnet den Samariter, der zu dem

Stamm gehörte, bei dem Jesus und seinen Jüngern, wie Lukas berichtet (vgl. Lk 9,51–56), eine Unterkunft für die Nacht verweigert worden war; ausgerechnet einen von jenen, die ein paar Jahre vorher den Tempelplatz mit Leichengebeinen geschändet hatten; ausgerechnet also einen von diesen Samaritern – und nicht das beamtete Personal der „Priester und Leviten" – stellt Jesus dem hinterlistigen Schriftgelehrten als Vorbild hin. Denn der verachtete Samariter hatte als Einziger von denen, die vorübergingen, richtig erkannt, wer sein Nächster ist.

Alle Menschen sind gleich. Keiner darf Beistand verweigern, und keinem darf der Beistand verwehrt werden. Das ist die Provokation der Nachricht vom guten Samariter. So weltfern und unmodern, wie Sie, lieber Herr Henkel, die Bibel darstellen, ist sie gar nicht.

Dafür mein Samariter-Beispiel: Onkel Adolf, mein Onkel Adolf, überzeugter Kommunist bis an sein seliges Ende, Verächter von Kapitalismus, Faschismus und allen Pfaffen, nahm in der schlimmen Zeit von Hitler und Krieg täglich zwei Henkelmänner (das sind Essensbehälter aus Metall) mit „auf die Schicht" zu Opel: einen Henkelmann für sich und einen für die „Russemädche", die als Fremdarbeiterinnen bei Opel hungerten.

Adolf teilte das Wenige, was ihm und seiner Familie auf Lebensmittelkarten als knappe Ration zugeteilt worden war, mit den „Russemädche". Was Adolf tat, war von den Nazis streng verboten. Es ging aber lange gut – bis ein Denunziant ihn verriet. Adolf wurde nachts aus dem Bett geholt und ins KZ transportiert.

Adolf kam, als der Krieg zu Ende war – Gott sei Dank – wieder heim: abgemagert, aber immer noch ungebrochen schimpfend auf alles, worauf er vorher schon geschimpft hatte, also Kapitalismus, Faschismus, Pfaffen etc. Und er ging am nächsten Tag wieder zur Schicht und arbeitete – so gehörte sich das – bis zu seiner Pensionierung 1975 treu und brav bei Opel, von allen, die ihn kannten, als freundlicher und hilfsbereiter Kollege anerkannt und geschätzt.

Der ihn verraten hatte, war Abteilungsleiter und wurde im Rahmen der damaligen Entnazifizierungsverfahren ordnungsgemäß entlassen. Er war allerdings acht Wochen später Produktionsleiter bei VW. Onkel Adolf regte sich darüber nicht auf. Der Vorgang bestätigte lediglich sein Weltbild: Kapitalismus ist Betrug. Die vollendete Gesellschaft, auf die Adolf baute, ist die klassenlose kommunistische Gesellschaft. Bis dahin muss man mit Verbrechern und Verbrechen leben. Bei dieser Meinung blieb Adolf bis auf sein Sterbebett. Hitler und der Abteilungsleiter waren sein Beweis.

Im Nachhinein füge ich hinzu: Der ihn verraten hatte, der Abteilungsleiter, war Mitglied des Kirchenvorstandes von St. Georg Rüsselsheim, der Pfarrei, in der ich Messdiener war.

Und jetzt kommt meine Samariter-Frage: Wer von den beiden, das fromme Kirchenvorstandsmitglied oder mein kommunistischer Onkel Adolf, stand Jesus näher? – Die Grenzen der Kirche sind nicht die Grenzen der Nächstenliebe!

Die Gleichnisse des Neuen Testaments sind allesamt Lehrstücke, deren Stoff aus Alltagsbeispielen besteht. Vom Samenkorn ist die Rede, das auf steinigen Boden fällt, ein anderes unters Gestrüpp, wieder ein anderes auf fruchtbaren Boden (vgl. Mt 13,1–9). So ist es mit der Botschaft Jesu: Der Same ist eine Sache, die Bodenverhältnisse sind eine andere. Der verlorene Sohn (vgl. Lk 15,11–32), der reiche Prasser und der arme Lazarus (vgl. Lk 16,19–31), das „Nadelöhr", durch das ein Kamel so schwer kommt wie ein Reicher in den Himmel (vgl. Mt 19,24), die ungleichen Brüder (vgl. Mt 21,28–32) – man muss nicht Schriftgelehrter werden, um die Gleichnisse zu verstehen. Sie sind aus dem prallen Leben geschöpft. Auch die Erzählungen und Berichte von Jesus sprechen von ihm wie von einem Nachbarn. Manche Geschichten sind lustige Volksstücke. Der kleine Zachäus, ein Zöllner, steigt auf einen Maulbeerfeigenbaum, um Jesus zu sehen, der dort vorbeikommen soll. Jesus ruft ihm zu: „Zachäus, komm schnell herunter. Denn ich muss heute in deinem Haus zu Gast sein." Zachäus klettert herab, und sie feiern eine Fete (vgl. Lk 19,1–10). Jesus – der Mitmensch.

Dann aber ist in den Evangelien auch von einem ganz anderen Jesus die Rede. Er ist ein Mensch, der sich von allen anderen unterscheidet. Der Zwölfjährige lehrt im Tempel mitten unter Hochgelehrten, und alle, die ihm zuhören, wundern sich über seinen Verstand und seine Antworten (vgl. Lk 2,41–52). Seine Eltern hatten ihn drei Tage lang verzweifelt gesucht. Er war ihnen im Trubel einer Wallfahrt abhandengekommen. Als sie ihn endlich fanden, weist er sie kühl zurück: „Wusstet ihr nicht, dass ich in dem sein muss, was meinem Vater gehört?" Dann kehren sie gemeinsam zurück nach Nazaret, und Jesus ist ihnen wieder gehorsam. Erst entrückt unter Tempelgelehrten, dann wieder alltäglich ein folgsames Kind.

Immer wieder entzieht Jesus sich den Jüngern. In Betanien, am See Gennesaret, im Garten Getsemane verschwindet er in der Nacht. Die Nacht ist sein Asyl. Zu- und Abwendung wechseln sich ab. Zugewandt den Menschen, mit denen er Hochzeit feiert – und dann wieder zurückgezogen und einsam in der Wüste. Menschen- und Gottessohn ist Jesus. So ist das Leben Jesu: „Dabeisein" und „Entrücktsein". Mitten im Leben und doch weit weg war er, dieser Jesus. In ihm sind Diesseits und Jenseits symbiotisch vereint.

Kein Gleichnis ist für mich die Kreuzigung Jesu. Sie wird mit hartem Realismus geschildert. Keine brauchbare Analogie hilft mir weiter. Auch die Allegorien und Prophetien erklären mir den Kreuzestod nur ungenügend. Ist der Karfreitag ein Tag des Jubels oder der Tränen? Vielleicht kommt die Bach'sche Matthäus-Passion dem Geheimnis des Karfreitags näher als Worte.

Die Kreuzigung ist das schwer Verständliche des Neuen Testaments. Sie stößt uns auf die Frage: „Was ist der Sinn von Scheitern?"

Darüber sprechen wir sicher ein andermal – wenn's sein muss.

Bis dahin verbleibe ich
Ihr Norbert Blüm

Bad Ischl, 1. Februar 2012

Lieber Norbert Blüm,

wo anfangen?, wo enden? – diese Frage stellt sich mir oft bei unserem Dialog. Und wenn dann so ein Brief fertig ist, einen Anfang gefunden hat und ein Ende, dann ist wieder so vieles ungesagt geblieben.

Beginnen wir diesmal mit dem, worin wir übereinstimmen. Ja, das Samaritergleichnis gefällt auch dem Atheisten. Ich stimme allem, was Sie dazu schreiben, ausdrücklich zu. Sobald es ins Politische geht, ins Gesellschafts- und Sozialpolitische, habe ich ja ohnehin mit dem „Herz-Jesu-Marxisten“ Norbert Blüm, wie er anno dazumal meistens von Gegnern oder Spöttern in den eigenen christlich-demokratischen Reihen und nicht zuletzt von unternehmernahen Kreisen gern tituliert wurde, so viele Gemeinsamkeiten, dass die spärlichen Differenzen kaum ins Gewicht fallen.

Generell gilt: Was im Bereich von Ethik, also dem zwischenmenschlichen Miteinander und dem Umgang mit sich selbst, heute von den Kanzeln christlicher Kirchen üblicherweise verkündet wird, das ist wohl das Menschenfreundlichste, was je von Religionen hervorgebracht wurde. Die Gebote der Nächsten- und sogar der Feindesliebe werden für gewöhnlich unverfälscht und unrelativiert vertreten, beharrlich ertönen Appelle zu Menschlichkeit, Toleranz und Nachsicht mit sich und dem anderen, Frieden und ein menschengemäßer Fortschritt finden in den Kirchen Verbündete. Das alles war bekanntlich keineswegs immer so, sondern allzu oft nicht oder viel zu wenig der Fall. Und wo gabe es in unseren Breiten eine größere Aussicht, auf kluge, sympathische, von einem moralischen Kompass geleitete Menschen zu treffen, als in Kreisen eines weltoffenen christlichen Bürgertums? Zugleich leisten Unzählige in kirchlichen und anderen Einrichtungen wertvolle Dienste aufgrund persönlicher religiöser Motivation. Vor einigen Jahren habe ich in einem katholischen Hospiz selbst erlebt, wie die Mitarbeiter dort eine psychisch höchst anspruchsvolle Arbeit tun und in der permanenten Konfrontation mit dem Tod gehalten werden von ihrem Glauben.

Deshalb: Ich bin himmelweit davon entfernt, Gläubigen mit Geringschätzung zu begegnen und den Glauben, der ja oft genug das entscheidende Fundament einer bewusst altruistischen Lebensführung darstellt, verächtlich zu machen.

Und auch deshalb genießen ja Religion und Glaube und sogar, trotz allem, die Kirchen noch immer dieses hohe Ansehen – was sich konkret niederschlägt in ihrer nach wie vor herausragenden Stellung in unserer Gesellschaft. Belege dafür gibt es wie Sand am Meer.

Und auch deshalb tun wir Gottlosen uns so schwer, unsere gläubigen Mitmenschen auch nur zu erreichen. Wenn Glaube und Kirche weder als doktrinär noch als bigott empfunden werden und auch nicht auf schieres Desinteresse stoßen, dann sind sie in den Augen einer großen Mehrheit mit ihren Inhalten nahezu sakrosankt. Zu Deutsch: Sie brauchen sich dann der Wahrheitsfrage nicht auszusetzen.

Wird die aber dann doch einmal gestellt, sehen meine gläubigen Mitmenschen in der Regel – bekanntlich wird sie bestätigt von Ausnahmen – arg schlecht aus. Da machen sich dann Abwehrreflexe und mangelnde Übung im Umgang mit radikaler Kritik schmerzlich bemerkbar.

Womit wir beim Trennenden sind. Also bei unserem eigentlichen Thema: Gott – den Sie, lieber Norbert Blüm, davonkommen lassen bei dieser Geschichte mit Abraham und Isaak. Auch wenn Sie Ihre wohlwollende Deutung gleich zweimal mit einem „vielleicht“ versehen.

Aus meiner Sicht tat der junge Norbert Blüm gut daran, mit einem solchen Gott nichts mehr zu schaffen haben zu wollen. Und der ältere hat mit der Theorie von einem geläuterten Gottesbild einen Weg eingeschlagen, auf dem ich ihm keinesfalls folgen kann. Aus zweierlei Gründen: Erstens finde ich nichts im Text, was eine solche optimistische Deutung hergäbe. Und wichtiger noch: In späteren Teilen des Alten Testaments befiehlt dieser selbe Gott Massen- und Völkermorde in großer Zahl, und er selbst bringt beispielsweise in Ägypten die Neugeborenen um. Im Neuen Testament macht er vom grausamen Kreuzestod seines Sohnes das Heil der Welt abhängig. Und, womöglich das Schlimmste, hinzu kommt die ewige Verdammnis, eine nach dem körperlichen Tod offenbar grässliche Form der Existenz, die auf Geheiß eines rigorosen Richtergottes zahllose Ungläubige erwartet.

Zum Ersten: Allein auf dieses „Denn nun weiß ich, dass du Gott fürchtest und hast deines einziges Sohnes nicht verschont um meinetwillen“ (Gen 22,12) kommt es an. Nur dieser Satz gibt Auskunft über den göttlichen Sinneswandel in letzter Sekunde. Gott hat genug: Er hat gesehen, wie weit Abraham gehen würde in seiner extremen Unterwerfungsbereitschaft. Wie so oft ist für diesen seltsamen Gott auch hier nur eben dies wichtig: dass der Mensch tut, was Er will, und Ihn ordentlich fürchtet.

Finden Sie es denn nicht auch erstaunlich, wie versessen dieser Gott auf so etwas ist? Was würden wir von einem Menschen sagen, der unentwegt neue Beweise dafür braucht – und sie seiner Umgebung abpresst –, dass er Chef im Ring ist und als solcher anerkannt wird?

Wie aus dieser Geschichte der prinzipielle göttliche Verzicht auf Menschenopfer herauszulesen sein soll, ist mir ein Rätsel. Zwar wird ein solcher hier faktisch vollzogen, aber eben nur hier und, notabene, nach einer sehr weit gehenden Vorleistung Abrahams. Von einer grundsätzlichen Abkehr ist in keiner Zeile die Rede, weder direkt noch indirekt.

Und dieser Gott macht ja später unbeirrt weiter. Anstatt dauerhaft einzusehen, dass er Menschenopfer nicht nötig hat und überhaupt gewaltsame Tötung etwas Furchtbares und sittlich auf tiefster Stufe Stehendes ist, steigert er sich im weiteren Verlauf der Geschichte des Volkes Israel immer wieder in einen wahren Blutrausch. Hier ein Beispiel aus dem 1. Buch Samuel, in dem Jahwe zu Saul, dem ersten König Israels, dies sagt: „So ziehe nun hin und schlage Amalek, und vollstrecke den Bann an allem, was er hat, und schone ihn nicht; sondern töte Männer und Frauen, Kinder und Säuglinge, Rinder und Schafe, Kamele und Esel!" (1 Sam 15,3).

Natürlich hören wir in den Kirchen dergleichen nie. Es gingen sonst Schockwellen durch die Gemeinden, mit unabsehbarem Ausgang. Ganz wie bei den Psalmen, von denen einige erbauliche immer wieder zitiert werden, sodass sie insgesamt als Inbegriff menschenfreundlicher Weisheit dastehen. Die ganze Wahrheit aber ist eine andere, wie schon das Vokabular zeigt, aber nicht nur dies. „Wohl dem", heißt es beispielsweise in Psalm 137,9, „der deine Kinder packt und sie am Felsen zerschmettert!" Oder: „All meinen Feinden hast du den Kiefer zerschmettert, hast den Frevlern die Zähne gebrochen." (Ps 3,8). Zerschmettern scheint für Jahwe überhaupt eine Lieblingsbeschäftigung zu sein: „Der Herr steht dir zur Rechten, er zerschmettert Könige am Tage seines Zorns. Er hält Gericht unter den Heiden, er häuft die Toten, die Häupter zerschmettert er weithin auf Erden" (Ps 110,5f).

Und das sind ja keine einzelnen Aussagen, wie man hoffen möchte, oder aus dem viel zitierten Zusammenhang gerissene. Vielmehr lassen sich solche und ähnliche, oft geradezu abstoßende Passagen im Alten Testament zu Dutzenden finden. Immer wieder will dieser Gott von den Israeliten, dass sie Völker nicht nur besiegen und unterwerfen, sondern sogar auslöschen; manchmal dürfen allenfalls Jungfrauen überleben.

Wie ich, lieber Norbert Blüm, werden auch Sie damals im Religionsunterricht die eindrucksvolle Erzählung von den glaubensstarken Belagerern Jerichos gehört haben, die so lange und so heftig die Posaunen bliesen, bis – natürlich mit Unterstützung des Herrn – die Stadtmauern einstürzten. Dass aber danach die gesamte Bevölkerung abgeschlachtet wird, bis auf Rahab – und zwar weil Gott es so angeordnet hat –, bleibt in der Regel außen vor.

Spätestens an dieser Stelle gilt es sich vor Augen zu führen, dass es diese und viele andere Ereignisse, die die Bibel im Faktenmodus vorträgt, tatsächlich ja nie gab. Gott sei Dank, möchte man hinzufügen. Es ist nun mal so: Sowohl als Geschichtsbuch als auch als ethischer Leitfaden weist die Bibel insgesamt derart gravierende Mängel auf, dass ihre ungeheure Reputation jedenfalls anders erklärt werden muss als durch das, was darin steht. Wie Welt und Leben entstanden, wissen wir nicht, aber ganz gewiss nicht so wie in der Schöpfungsgeschichte beschrieben. Adam und Eva, das Paradies und der Sündenfall sind reine Legenden, schon die historische Existenz Abrahams ist fraglich, mehr noch jene des Mose, und Jericho war seinerzeit eine weitgehend leere, erdbebenzerstörte Ruinenlandschaft, die eine vollständige Stadtmauer nie besessen hatte; und solche Blasinstrumente gab es zum fraglichen Zeitpunkt dort auch noch nicht. Überhaupt: Dass der kleine Stamm der Israeliten all diese Eroberungs- und Vernichtungsfeldzüge gegen Nachbarn unternommen und meist siegreich bestanden hätte, ist natürlich nichts anderem entsprungen als dem interessengeleiteten Erfindungsreichtum der biblischen Autoren. Die großen Taten, die oft genug nichts anderes gewesen wären als große Schandtaten, wurden für gewöhnlich konstruiert, um – insofern eine reichlich konventionelle „Geschichtschreibung" – das angeblich von Gott auserwählte Volk und diesen selbst als möglichst bedeutend und mächtig hinzustellen – und um, dies nicht zuletzt, spätere Gebietsansprüche zu legitimieren.

Nun ist es üblich, diesen „menschenfressenden Gott" (Norbert Blüm) des Alten Testaments abzugrenzen gegenüber dem ganz anderen des Neuen. Hier sollen wir es mit einem Gott zu tun haben, der der Schöpfung und in Sonderheit dem Menschen, seinem Ebenbild, in Liebe und Güte zugetan ist und es jedenfalls prinzipiell gut meint mit ihm – was so weit gegangen sein soll, dass er in Jesus Christus Mensch wurde und sich ans Kreuz schlagen ließ um der Rettung des Menschen willen.

Auch hier vermag ich nicht zu folgen. Stattdessen erkenne ich einerseits in der grauenvollen Hinrichtung Jesu das vertraute Muster der Abraham-Isaak-Geschichte wieder: Göttlicher Ratschluss verlangt nach Mord. Der Todestrieb, dieses elende Fixiertsein auf Vernichtung und extreme Bestrafung, der die ganze Heilige Schrift durchzieht – und nichts anderes gilt für den Koran –, feiert in dieser Phantasie den letzten, den höchsten Triumph.

Denn um eine solche handelt es sich. „In der Bibel steht nicht, was Gott über die Menschen denkt, sondern was der Mensch über Gott denkt", schrieb mir neulich ein Professor der katholischen Theologie, der den Mut hat, zur traditionellen Gläubigkeit auf gehörige Distanz zu gehen und die vielen schwerwiegenden Einwände gegen das Überlieferte ernst zu nehmen.

Um den Kreis zu schließen und zum Samariter-Gleichnis zurückzukehren: Zu diesen Einwänden zählt auch das, was gottlose Religionskritik gegen Jesus Christus selbst vorzubringen hat – und wofür das oben Gesagte in besonderer Weise gilt: All diese Argumente kommen bei der übergroßen Mehrheit unserer gläubigen Mitmenschen gar nicht erst an, und das in einer von Soziologen so getauften *Wissens- und Informationsgesellschaft*. Wer die gewöhnliche Verkündigung in Kirchen und Medien verfolgt und es nicht besser weiß, muss annehmen, dass hinsichtlich der Makellosigkeit des Gekreuzigten ein lagerübergreifender und uneingeschränkter Konsens besteht.

Eine zugegeben verschwindend kleine Schar von Atheisten macht da freilich nicht mit. Denn jener Mainstream ignoriert etwas, was auch alle anderen wissen könnten und berücksichtigen müssten: Dass nämlich das Neue Testament dem Mann aus Nazaret auch ganz anders geartete Aussprüche und Handlungen zuschreibt als jene allenthalben geläufigen: „Liebe deinen Nächsten" (Mt 22,39), „Wer ohne Schuld ist, der werfe den ersten Stein" (Joh 8,7) oder das (etwas egozentrische?) „Was ihr den Geringsten meiner Brüder getan, das habt ihr mir getan" (Mt 25,40), aber auch die Fußwaschung bei einem Menschen schlechten Leumunds oder all die Wundertaten und Heilungen.

Um mit dem Entscheidenden zu beginnen: Immer wieder stellt Jesus Christus Ungläubigen ewige Verdammnis in Aussicht. Sie aber, wie auch immer sie konkret aussehen mag, ist und bleibt unvereinbar mit dem Geiste von Nächsten- und Feindesliebe. Zudem wäre sie auf groteske Weise unverhältnismäßig. Denn auch der religiöse Glaube ist eben nur eine, wenngleich sehr wichtige Erscheinungsform des Meinens, Denkens, Für-wahr-Haltens, und die Menschheit hat lange, sehr lange gebraucht für die – bekanntlich auch heute längst noch nicht überall herrschende – Einsicht, dass gerade hier

Toleranz vonnöten ist – und dass es obendrein als gänzlich inadäquat angesehen werden muss, abweichende Meinungen, Überzeugungen, Glaubensbekenntnisse überhaupt mit Bestrafung zu vergelten, ganz zu schweigen von ewigen Höllenqualen als Antwort auf die Inanspruchnahme von Freiheiten, die wir inzwischen als elementares, unveräußerliches Menschenrecht erkennen und hochhalten.

Jedenfalls: Wer immer in den zwei Jahrtausenden seit der Zeitenwende mit Gewalt bis hin zur Liquidierung gegen seine Mitmenschen vorging, nur weil die anders dachten und fühlten, konnte im christlichen Glauben an die Verdammung der Ungläubigen ein schlechtes Vorbild finden. Und Beispiele dafür sind nicht nur die großen Massenmörder der Geschichte, sondern eben auch bedeutende Christen wie Petrus oder Paulus, Augustinus oder Ignatius.

Aber auch dieser Jesus Christus selbst, nach kirchlicher und klassischer theologischer Lesart immerhin irgendwie Gott, hält von Toleranz und Meinungsfreiheit nichts. Der Atheist fügt hinzu: Wieso auch – schließlich war er nicht Kind Gottes, sondern Kind seiner Zeit, und der war Liberalität fremd. Eindrucksvoll sind die Verwünschungen, die der Messias immer wieder gegen Un- oder Andersgläubige ausstößt oder auch gegen ganze Städte. Hölle und ewiges Feuer, Heulen, Zähneklappern, weggeworfen und vernichtet werden – keineswegs nur in einer freundlichen, liebevollen, sondern eben auch in so einer Welt bewegt sich der „Erlöser". Und erinnert dabei nur zu sehr an den Gott des Alten Testaments, der, wenn man das ihnen hier prophezeite grässliche Los der Sünder und „Ungehorsamen" bedenkt, eben doch seinen Wiedergänger gefunden hat in dem des Neuen. Der hat schließlich über unzählige Menschen ein noch schlimmeres Schicksal verhängt als bloß den physischen Tod, dem wir im Alten Testament so massenhaft begegnen. Im Neuen rückt ein noch weitaus furchtbareres Los ins Zentrum: die ewige Verdammnis. Im Alten Testament phantasiert Jahwe, schlimm genug, bloß von einem einzigen Schwertstreich für Jebusiter, Amalekiter und Hetiter, und im vermeintlich so ganz anders gesinnten Neuen wird dem Mängelwesen Mensch unentwegt das größte aller denkbaren Übel angedroht, wie auch immer die ewige Verdammnis nun auch beschaffen sein mag. Nicht nur das, sondern: Ob er verdammt wird oder erlöst, das bestimmt allein Gott, und der kann mit ihm tun und lassen, was er will. Und wenn mensch auf die Idee kommen sollte, mit Ihm darüber zu rechten, dann wird er vom heiligen Paulus belehrt, dass so etwas beim Töpfer und seinem Gefäß ja auch nicht üblich ist.

Noch einmal zurück zu dem Nazarener: „Wer aber einen dieser Kleinen, die an mich glauben, zum Abfall verführt, für den wäre es besser, dass ein Mühlstein an seinen Hals gehängt und er ersäuft würde im Meer, wo es am tiefsten ist" (Mt 18,6). So steht es im Evangelium des Matthäus, und Lukas lässt sich auch nicht lumpen mit diesem angeblichen Zitat aus dem Munde Jesu: „Doch diese meine Feinde, die nicht wollten, dass ich ihr König werde, bringt her und macht sie vor mir nieder" (Lk 19,27).

Eine bezeichnende Geschichte am Rande führt uns nach Samaria zurück, einer damals von religiösen Turbulenzen heimgesuchten Stadt, in der Jesus und seinen Jüngern ein Quartier verweigert worden sein soll (vgl. Lk 9,52–56). Was schlagen Jakobus und Johannes ihrem Meister vor? Als Strafe für die Verweigerung einer Herberge Tod und Vernichtung der ganzen Stadt durch ein himmlisches Feuer. Offenbar war es Jesus bis dahin nicht gelungen, sein engstes Umfeld mitzunehmen auf seinen revolutionären Weg jener Sanftmut, als deren Verkörperung er heute gilt.

Solche Beispiele für einen befremdlichen Rigorismus ließen sich vermehren, etwa durch die schroffe Reaktion Jesu auf eine nichtjüdische Frau, die ihn um Hilfe bittet für ihre von bösen Dämonen gequälte Tochter. „Ich bin nur gesandt nur zu den verlorenen Schafen des Hauses Israel", lässt er sie abfahren (Mt 15,24) – und widerspricht damit, lieber Norbert Blüm, Ihrem Bild von seiner alle Grenzen sprengenden Zuwendung zum jeweils Nächsten. Und ehe er sich am Ende von den Jüngern umstimmen lässt, verhöhnt er die Arme auch noch mit der Maxime, man solle „kein Brot vor die Hunde werfen" (vgl. Mt 15,26) – dass er mit den Tieren wohl Ungläubige meinte, macht die Sache kaum besser. Geradezu skandalös – und potenziell weitaus folgenreicher – ist aber, was Jesus laut Markusevangelium zu seinen Jüngern gesagt haben soll: „Euch ist das Geheimnis des Reiches Gottes gegeben, jenen aber, die draußen sind, wird alles in Gleichnissen zuteil ... damit sie sich nicht etwa bekehren und ihnen vergeben werde" (vgl. Lk 8,10; Mt 13,10–17). Sind Sie, lieber Norbert Blüm, mit Ihrem Lieblingsgleichnis vom barmherzigen Samariter einer von denen draußen? Aber im Ernst: Zu beneiden sind die Theologen nicht, die sich seit Jahrhunderten mit derart heiklen Bibelstellen plagen und einen Weg finden müssen, sie irgendwie in Übereinstimmung zu bringen mit landläufiger Dogmatik.

Natürlich ist für Sie als einen herausragenden Vertreter der katholischen Soziallehre die Vorstellung von Jesus Christus (und damit auch von jenem geläuterten Gott) als einem, der seine ganze Zuwendung den Bedrängten und in Not Geratenen verheißt, von hoher Anziehungs- und Überzeugungskraft. Das verstehe ich nur zu gut: Eine gute Sache braucht viele Verbündete. Und doch: In jeder Sekunde erweisen sich diese Zusagen hienieden millionenfach als leer. Womit wir bei der Theodizee wären, die uns wohl alsbald beschäftigen wird.

Ich weiß, das Thema Bibel ist unerschöpflich. Lassen Sie mich dennoch ein Fazit ziehen: Sie suchen nach Ihren eigenen Worten mit Vernunft und Vertrauen in der Bibel den wahren Kern ihrer Botschaft, und natürlich tun Sie das in der Überzeugung, dieses Eigentliche sei etwas Positives, also freundlich, aufbauend und hilfreich. Ich hingegen stelle fest, dass diese alte Schrift als Gesamtes im Faktischen ohnehin, aber ganz besonders auch im Normativen so unendlich viele Fehler und Mängel aufweist, so viel Inakzeptables, das nur durch Umdeuten, Beschönigen oder Weglassen erträglich zu machen ist, dass sie trotz ihrer vielen positiven Seiten bei jeder unvoreingenommenen Prüfung glatt durchfallen müsste, beispielsweise als Schulbuch. Unvoreingenommen heißt: ohne bewusste und unbewusste Verbeugung vor jener Macht, die Tradition und Religion über unsere Seelen und Köpfe haben. Und was das Umdeuten betrifft: Es hilft ja nichts, bei Bedarf in ein Bibelverständnis auszuweichen, zu dessen Wesensmerkmalen dann auf einmal das bloß Allegorische oder Mythologische zählen soll und zur Not auch der Verweis auf den jeweiligen Zeitgeist. Da soll dann das eine so genommen werden, wie es dasteht, und das andere so, wie es zu verstehen ist. Woher stammen denn die Kriterien, das eine zu scheiden vom anderen, und woher die Maßstäbe rechten Interpretierens? Von allen anderen Problemen abgesehen, die zu erörtern hier zu weit führen würde: Solche Umwege hätte eine *Heilige Schrift* nötig, eine, die sich obendrein mehrheitlich an Menschen ohne Theologiestudium wendet?

Diese Fragwürdigkeit ihrer biblischen Stiftungsurkunden liefert für mich einen weiteren Hinweis – nicht: Beweis – darauf, dass eine religiöse Weltsicht uns auf den Holzweg führt: Schon am Anfang gibt es da viel zu vieles, was nicht stimmt, was nicht zusammenstimmt und was nicht übereinstimmt mit dem, was ein säkularer Humanismus uns heute so dringlich ans Herz legt.

Dass der Menschenwerk ist und insofern bei Weitem nicht so gravitätisch daherzukommen vermag wie eine Religion mit jahrtausendealten Wurzeln, das sei sogleich zugegeben. Und doch: Stellen wir uns nur einen einzigen Augenblick vor, alle Erdenbewohner hingen ihm an – es wäre ein riesiger Sprung nach vorn. Säkular – das hieße: Die Menschen rieben sich nicht nur nicht mehr auf in Glaubenskämpfen, wie sie das seit Jahrtausenden tun, sondern sie nähmen, weil sie Beistand und Orakel und anderes aus jenseitigen Sphären nicht mehr erwarteten, ihr Schicksal selbst in die Hand. Humanismus – das ist das utopisch-visionäre Programm einer entschiedenen Menschenfreundlichkeit, mit den hehren Zielen jener Französischen Revolution, die freilich alles andere war als menschenfreundlich: Freiheit, Gleichheit, Brüderlichkeit. Etwas Besseres findet man schwerlich in der Menschheitsgeschichte. Rechts- und Sozialstaat, Toleranz, Friedenspolitik, das Bekenntnis zu elementaren unveräußerlichen Rechten und der unaufgebbaren Idee von der Würde eines jeden Menschen, die Einsicht in die Notwendigkeit der Solidarität mit den Bedrängten von heute und mit jenen, die jeweils nach uns kommen: Das alles sind abgeleitete Größen jenes Dreigestirns. Nach meiner Überzeugung muss das alles übrigens einhergehen mit einem Menschenbild, das ganz bewusst davon absieht, den Lebenssinn oder gar die Daseinsberechtigung an irgendwelche Voraussetzungen zu knüpfen. So ist es falsch – und hat fatale Folgen – zu behaupten, ein Dasein ohne Beziehung zu Gott sei im Grunde ein verfehltes. Mit Bildung oder Moral verhält es sich ähnlich und natürlich erst recht mit Besitz. Säkularer Humanismus sieht, wenn er konsequent ist, in ausnahmslos jedem Menschen seinen Menschenbruder und schließt buchstäblich niemanden aus: auch nicht den Versager, auch nicht den Bösewicht.

Ihren Onkel Adolf, lieber Herr Blüm, bewundere ich für seinen Mut. Ich bezweifle sehr, dass ich ihn aufgebracht hätte. Vielleicht wäre das, was ihm sein Kommunismus war, vereinbar gewesen mit meinem säkularen Humanismus. Ich denke aber auch voller Bewunderung an Jean Meslier, vor dreihundert Jahren Dorfpfarrer in der tiefsten nordfranzösischen Provinz. Ganz allein auf sich gestellt, ein halbes Jahrhundert ehe in vornehmen Pariser Salons Holbach, Diderot, Hume und andere in ganz Europa anerkannte Geistesriesen eine aufgeklärte Welt ohne Gott erdachten, hat er sich Schritt für Schritt vom Glauben der Väter und Mütter gelöst, bis hin zu einem *systematischen Atheismus*. Ähnlich scharf wie gegen den Glauben, in dem er Aberglauben sah, wandte er sich gegen die Unterdrückung und Ausbeutung der einfachen Leute durch Adel und Klerus. Tagsüber kümmerte sich Meslier wie jener Samariter um die Sorgen und Nöte der Bauern und ihrer Familien, nachts schrieb er im Kerzenschein seine Ketzereien nieder. Erst nach seinem Tode kamen sie an die Öffentlichkeit, zirkulierten als *Testament* alsbald in ganz Europa unter Freigeistern und wurden ein frühes Zeugnis der Aufklärung. Zur Geheimhaltung hatte Meslier allen Grund – seinesgleichen landete damals in Frankreich im Handumdrehen auf dem Scheiterhaufen. Meslier war schon 37 Jahre tot, da wurde dem 18-jährigen Chevalier de la Barre in Paris die Zunge herausgerissen, die rechte Hand abgehackt und dann der Kopf abgeschlagen. Sein Vergehen: Er hatte eine Prozession nicht gegrüßt, ein Werk von Voltaire gelesen und ein Kruzifix beschädigt. Zu einem wie Meslier, diesem einsamen Rebellen, der die Menschen ernst nahm und die Religion (indem er sie ablehnte), kann ich nur sagen: „Voilà un homme."

Mit den besten Grüßen
Ihr Peter Henkel

13. Februar 2012

Lieber Herr Henkel,

mir geht es wie Ihnen: Jeder Brief von Ihnen stößt mich auf viele Fragen, und jede gäbe Grund und Anlass, lange darüber nachzudenken, und bei manchen man könnte gar auf den Gedanken kommen, dass diese Briefe für ein lebenslanges „Beschäftigungsprogramm" zu sorgen in der Lage wären. Die Suche nach Gott ist offenbar keine „Kurzarbeit". Sie sehen, bei mir bricht immer wieder der alte Sozialpolitiker durch, selbst Theologie gerät mir unter der Hand zu einer Art Arbeitsmarktpolitik und Arbeitsbeschaffungsprogramm (ABM).

Ihr Brief müsste mit tausend Briefen beantwortet werden und würde wahrscheinlich auch dann noch nicht eine abschließende Beantwortung finden. Gott ist immer größer und unser Nachdenken über ihn endlos.

Ich will nicht kneifen, obwohl ich es gerne täte, und die für mich schwierigste Frage von Ihnen als erste annehmen: Der Kreuzestod Jesu – welchen Sinn hat das Leiden und Sterben des Heilandes?

„Die Kreuzigung ist für mich das am schwersten Verständliche des Neuen Testaments", verriet ich Ihnen in meinem letzten Brief. Sie konfrontieren mich mit der Kreuzestheologie, die den Kern meines Glaubens ausmacht und die dennoch schwer in Worte zu fassen ist.

Fangen wir damit an, was die Geschichte von der Kreuzigung Jesus nicht sein kann. Es ist immer leichter, mit der Negation zu beginnen, um so das Feld einzugrenzen, in dem wir beschreiben, was ist.

Gott Vater wird durch die Kreuzigung seines Sohnes Jesus versöhnt. Die Menschheit wird durch das Leiden Jesu erlöst: Daran glaube ich nicht! Das wäre das Bild eines mordlustigen Vaters, der sich an den Qualen seines Sohnes ergötzt. Dann wäre Jesus kein Gott und als Mensch ein Verbrecher. Die Satisfaktionstheorie der Kreuzigung, die sich vielleicht auf Anselm von Canterbury berufen kann, halte ich für eine Irrlehre, deren Kurzfassung lautet: Die Beleidigung Gottes ist die größtmögliche Beleidigung, deshalb muss sie durch die größtmögliche Sühne, das ist die Kreuzigung des Sohnes, wiedergutgemacht werden. Diese Gottesvorstellung hat die abendländische Theologie zweitausend Jahre begleitet und in die Irre geführt.

Ebenso galt aber auch schon immer: Im Kreuzestod offenbart Gott den letzten Sinn des Menschseins, nämlich: für andere da zu sein. Gott ist die Liebe. Der Mensch kommt nur zu sich, indem er nicht bei sich bleibt, sondern sich dem anderen zuwendet. Jesus stirbt, weil die Mächte der Unterdrückung sich an seiner Gerechtigkeit stoßen. Gottes Gerechtigkeit ist Liebe zu den Menschen.

Der exemplarische Mensch ist der Gottessohn Jesus. Dieser Jesus ist im Sinne der kosmischen Entwicklungsversion eines Teilhard de Chardin ein personaler Evolutionssprung. Jesus ist der „neue Adam". Der von Gott zur Vervollkommnung berufene Mensch ist der Mensch der Liebe.

Das Leiden Jesu ist also keine Vorlage für eine masochistische Theologie, die einen Gottvater beschreibt, der sich am Leid labt. Das Kreuz ist die bittere Realität der Welt, wie sie ist. Nicht Gott errichtete das Kreuz, sondern das römische Imperium. Angestiftet zur Kreuzigung hat die religiöse Obrigkeit. Jesus drängte sich nicht nach Leid und Kreuzigung. Er litt, weil er dem Unrecht nicht ausgewichen ist und so das Unrecht für alle Zeit „blamiert" hat. Der Gottessohn Jesus teilt das Menschenschicksal, nämlich auch Opfer von Unrecht und Sünde zu werden. Menschen sind nämlich zu beidem fähig, zur Erfüllung oder zur Verfehlung ihres Wesens, weil Gott sie als freie Wesen geschaffen hat, die zwischen Gut und Böse wählen können. Ob ein Baum ein Baum wird oder verkrüppelt, entscheidet vor allem die Natur. Beim Menschen ist dies anders: Wir entscheiden mit, was wir werden.

Das Leiden des Gottes- und des Menschensohnes Jesus gefährdete die Macht und die Mächtigen. Das erkannte die religiöse Obrigkeit schnell, und der feige Pontius Pilatus ließ um des staatlichen Friedens willen Jesus kreuzigen. Wäre Jesus nur ein religiöser Irrlehrer gewesen, dann wäre die Steinigung die dafür vorgesehene Todesstrafe gewesen. Jesus aber gefährdete jede Art von Selbstgefälligkeit der Macht, die ihren Dienstcharakter vergessen hat.

„Jesus war frei, bis zum Kreuz zu gehen. Er hätte friedlich in Galiläa bleiben können; seine Freunde haben ihm nahegelegt, das Kreuz zu vermeiden", schrieb Dorothee Sölle. „Das Leben zu wählen heißt, das Kreuz zu umarmen. Es heißt, das Kreuz und die Schwierigkeiten, die Erfolglosigkeit, die Angst, allein da zu stehen, in Kauf zu nehmen."

Sie, Herr Henkel, werden sagen, ja, die Sölle, na ja ... eine theologische Exotin. Sie spricht nicht für die Orthodoxie und schon gar nicht für die Kirche. Deshalb ein anderes Zitat. Lesen Sie es, bevor Sie nach dem Verfasser fragen, den ich noch verraten werde.

„Von manchen Andachtstexten her drängt sich dem Bewusstsein dann geradezu die Vorstellung auf, der christliche Glaube an das Kreuz stelle sich einen Gott vor, dessen unnachsichtige Gerechtigkeit ein Menschenopfer, das Opfer seines eigenen Sohnes, verlangt habe ... So verbreitet dieses Bild ist, so falsch ist es. In der Bibel erscheint das Kreuz nicht als Vorgang in einem Mechanismus des beleidigten Rechtes; in ihr steht das Kreuz vielmehr ganz umgekehrt da als Ausdruck für die Radikalität der Liebe … als Ausdruck für ein Leben, das ganz Sein für die anderen ist."

Dreimal dürfen Sie raten, von wem das Zitat stammt. Sie werden überrascht sein: Joseph Ratzinger ist der Autor – lieber Herr Henkel, Sie müssen also nicht besorgt sein, dass ich als Häretiker gebrandmarkt werde, sondern es ist sogar „päpstlich", was ich sage.

Diese Kreuzestheologie ist eine religionsgeschichtliche Revolution. Sie wendet sich ab von den Sühne- und Erlösungsverheißungen, die außerhalb der Christenheit immer in Geltung waren, auch wenn „im späteren christlichen Bewusstsein diese Revolution weitgehend wieder neutralisiert und selten in ihrer ganzen Tragweite erkannt worden ist" (Joseph Ratzinger). Erlösung im christlichen Sinne ist nicht eine Art schmerzhafte Wiedergutmachung, sondern Befreiung zur Liebe, nämlich zur Existenz für und mit anderen. Die Kreuzigung dient also nicht einer Besänftigung eines rachsüchtigen Vaters, sondern sie ist das Symbol einer extremen Lebensgemeinschaft Jesu mit den Menschen – bis zum Tod. Glaube ist kein Besitz, wie man ein Haus besitzt, sondern eher eine Beziehung, wie sie sich in der Liebe einstellt.

Nicht der Mensch kommt zu Gott, sondern Gott bringt seine Gabe zu den Menschen. Die Wegstrecke verläuft nicht von unten nach oben, sondern Gott kommt zu uns herab, er teilt Freuden und Leiden und sogar das Scheitern mit seinen Geschöpfen, denen er die Freiheit zu hassen und zu lieben gelassen hat. Das ist das Kontrastprogramm zur Erlösung durch Menschenopfer, das in der Geschichte von Abraham und Isaak, wie ich sie verstehe, bereits demontiert worden war.

Natürlich verlangt der Jesus des NT Entscheidung. Aber ist das Bild Jesu in der Bibel, wie Sie es in Ihrem Brief nahelegen, wenn man die Texte liest, wirklich auf einen intoleranten Rigoristen zu reduzieren, dem die Verdammung aller Widerspenstigen am Herzen liegt? Das Bild des guten Hirten (im frühen Christentum identisch mit Jesus Christus), der gerade den verlorenen Schafen nachgeht, der sich für die ihm Anvertrauten einsetzt, bis zur Hingabe des eigenen Lebens, dem die 99 Schafe nicht so wichtig sind wie gerade das eine verlorene, kommt für mich dem Kern der Jesusbotschaft näher (vgl. Joh 10,11; Mt 18,12–14).

Und Ostern ist dann übrigens kein Mirakel, sondern Ostern ist das Fest der Auferstehung des Menschen, der liebt und in der Liebe selbst den Tod überwindet. Jesus ist vorangegangen. Nachfolge ist, wie der Meister Thomas von Kempen, der große Mystiker, lehrte, eine „Imitatio Christi". Maximilian Kolbe, der 1944 in Auschwitz freiwillig an die Stelle eines Familienvaters trat und für diesen in den Tod ging, steht in der Nachfolge Jesu und verkörpert so existenziell das Osterfest. Liebe überwindet den Tod.

Ich erinnere mich immer wieder an eine Begebenheit, die schon viele Jahre zurückliegt und die sich für mich auf verstecktem Weg mit der österlichen Auferstehungsbotschaft verbindet.

Es war in jener Zeit, als in Polen das Kriegsrecht galt und die Solidarność verboten war. Ich hatte mit Lech Walesa in der Brigittenkirche in Danzig die Sonntagsmesse besucht. Mit den Kirchgängern verließen wir das Gotteshaus. Lech bestieg die Treppen zum Pfarrhaus, ich hinter ihm. Oben auf dem Vorplatz zur Haustür angekommen, drehte er sich um und hielt vor den herumstehenden Gottesdienstbesuchern eine seiner bekannten feurigen, aber verbotenen

Reden. Ich hatte seinem revolutionären Elan nicht viele Worte hinzuzufügen und rief in die Menge: „Jesus lebt und Marx ist tot." Den Satz verstanden alle. Für diesen Satz bin ich hierzulande verspottet worden. Dabei habe ich den Satz gar nicht theologisch kompliziert und hochspirituell gemeint, sondern ganz einfach als Bestätigung der Nachricht, dass Jesus auferstanden ist und jeder, der an ihn glaubt, täglich aufersteht. Keine Macht der Welt, auch nicht die marxistische, kann diese Auferstehung verhindern. Wie anders ist das Überleben des polnischen Volkes zu erklären? Es überlebte alle Unterdrückungen, Teilungen, kriegerischen Auslöschungsversuche, ob preußischer, russischer, faschistischer oder sowjetischer Herkunft. Sein Glaube an die Auferstehung hat selbst die überleben lassen, die getötet wurden.

Mein Satz „Marx ist tot und Jesus lebt" ist nicht von allen so verstanden worden, wie ich es gemeint hatte. Hochnäsige Häme war die Folge. Selbst Kardinal Lustiger aus Paris wollte flott und gescheit sein (das kommt bei modernen Kirchenfürsten schon mal vor) und fiel in den Chor der Spötter mit dem Kalauer ein, man könne dann auch sagen: „Coca Cola lebt und Marx ist tot." „Eminenz" hatte gar nicht bemerkt, dass ich den Vergleich zwischen Jesus und Marx gar nicht als Popularitätswettbewerb gemeint hatte. Ich hatte Jesus keinen Reklamesieg zugesprochen, etwa weil Jesus bekannter als Marx ist und bleiben wird. Was die Bekanntheit angeht, könnte ihm Coca Cola vielleicht sogar kurzzeitig den Rang ablaufen, da hatte der Kardinal recht. Die Propagandamaschine des Coca-Cola-Konzerns übertrifft nämlich jede Missionsbewegung. In tausend Jahren spricht jedoch niemand mehr von Coca Cola, und Karl Marx wird wahrscheinlich bestenfalls in philosophischen Oberseminaren fachkundig seziert, während dagegen Jesus auch noch in Tausenden von Jahren die Herzen der Menschen bewegen und ihre Sehnsüchte erfüllen wird.

Jesus ist auferstanden, während Marx tot bleibt und Coca Cola nie gelebt hat. Mit Jesus jedoch überwinden die, die an ihn glauben, den Tod.

Freilich – vor Ostern kommt der Karsamstag. Schon als Kind empfand ich den Karsamstag als den trostlosesten Tag im ganzen Kirchenjahr. Der Karsamstag erschien mir so merkwürdig sinnlos. Der Tabernakel war leer, die Tür weit offen; nichts war los: keine Orgel, kein Geläut (die Glocken waren am Gründonnerstag nach dem Gloria der Messe nach Rom geflogen). Das Gotteshaus ist für mich am Karsamstag ein gottverlassener Ort. – Aber wer in der Osternacht das Halleluja wie einen Jubelschrei der Befreiung singen will, muss zuvor am Karsamstag das leere Grab besucht haben, so wie die ängstlichen, niedergeschlagenen Frauen und Männer, die Ihn nach der Kreuzigung im Grab besuchen wollten und nicht fanden. Vor Ostern kommt Karfreitag und Karsamstag. Das Osterfest ist – anders als das von Ihnen, lieber Herr Henkel, beschriebene diesjährige Weihnachtsfest in Bad Ischl – nicht sentimental. Ostern ist nicht das Fest der Geschenke und einer stillen, heiligen Nacht, sondern das morgendliche Jubelfest der Auferstehung vom Tod – Halleluja! Halleluja! Halleluja!

Es bleibt allerdings auch nach Ostern die Frage, warum Gott vor Ostern zulässt, dass Menschen anderen Menschen unendliches Leid zufügen und sie millionenfach ans Kreuz schlagen. Es fällt schwer, an den guten Gott zu glauben und gleichzeitig die Bilder von Auschwitz und Kambodscha im Kopf zu haben oder von dem Massensterben afrikanischer Kinder zu hören, die verhungern. Menschen werden gefoltert, und Gott schaut zu.

Damit sind wir bei der Theodizeefrage.

Warum schreitet Gott nicht ein, wenn Menschen versagen und die Welt zugrunde richten? Weil wir frei sind?

Was ist Freiheit? An dieser Frage entscheidet sich, ob eine „Verteidigung Gottes“ möglich ist. Diese Frage – Freiheit oder Glück? – quälte schon den Großinquisitor in Dostojewskijs „Die Brüder Karamasow“. Die Tragödie des Kampfes zwischen Freiheit und Glück ist für mich nirgendwo ergreifender dargestellt worden als in dem nächtlichen Gespräch zwischen dem Großinquisitor und dem wiedergekehrten Herrn in dem dunklen Gefängniskeller Sevillas.

Wieder hatte der eiskalte, herrschsüchtige Kardinal Großinquisitor unter den Augen der Einwohner Sevillas an einem heiteren Morgen nach dem Gottesdienst vor den versammelten Kirchenfürsten und im Beisein des Königs Hunderte von Ketzern auf dem Scheiterhaufen ins Jenseits befördert.

Das Volk jubelt. Aber es schreit auch nach Jesus. „Herr, komm zu uns!“, rufen sie. Denn ihre Sehnsüchte und Ängste sind durch die Flammen des Autodafé nicht erstickt worden. Der Herr steigt herab, heilt Blinde, Kinder streuen ihm Blumen. Er erweckt mit den Worten „Talita kumi“ („Stehe auf, Mädchen“) ein totes Kind aus dem Sarg, der vor den Pforten der Kathedrale abgestellt worden war.

Das ist zu viel für den Großinquisitor. In seine fürsorgliche Herrschaft lässt er sich nicht hineinpfuschen. Der 90-jährige Kardinal lässt den Herrn kurzerhand verhaften, in Ketten legen und in den Kerker werfen. Dann aber kommt es in jener Nacht, einer hauchlosen schwülen Nacht, zu jenem schauerlich-unheimlichen Gespräch zwischen dem Großinquisitor und dem Herrn.

In dieser Nacht, „schwül von Lorbeer- und Orangenduft“, betritt der greise, grausame Kirchenfürst das Kellergewölbe des Gefängnisses und tritt vor den gefesselten Herrn. Das Gespräch ist der Monolog einer gequälten Seele, die ihre Taten als Taten der Menschenliebe vor dem Herrn, den er verhaften ließ, zu rechtfertigen versucht. Es spricht nur der Großinquisitor. Ja, Glück, nicht Freiheit wolle er, der Großinquisitor, den Menschen bringen. Das ist sein Gegenprogramm zur Botschaft des Herrn. „Denn erst jetzt (damit meint er die Zeit der Inquisition) ist es zum ersten Mal möglich, auch an das Glück des Menschen zu denken. Der Mensch war als Rebell geschaffen, aber können Rebellen glücklich sein?" Nicht Gnade, nicht Freiheit für die Menschen will der fürsorgliche Großinquisitor, sondern ihr Glück.

So korrigiert der Großinquisitor Gottes Werk der Erlösung von Unfreiheit nach seiner Vorstellung: Glück geht vor Freiheit. Mit schweren Vorwürfen konfrontiert er den Herrn. Warum hat er damals nicht die Steine in Brot verwandelt? Das Wunder hätte den Glauben aller erzeugt. „Du aber wolltest den Menschen nicht der Freiheit berauben, und du verschmähst den Vorschlag, denn was ist das für eine Freiheit, dachtest du, wenn der Gehorsam mit Brot erkauft wird?"

Der Herr schweigt.

Der Großinquisitor bäumt sich auf und klagt den Herrn wegen Überforderung des Menschen an. „Sättige sie zuerst, dann kannst du von ihnen Tugenden verlangen." Die Botschaft des Herrn sei eine Botschaft für Starke. Zynismus wirft der Großinquisitor dem Herrn vor.

„Und wenn dir um des himmlischen Brotes willen Tausende und Zehntausende nachfolgen, was soll dann mit den Millionen und Milliarden von Wesen geschehen, die nicht die Kraft haben, das Erdenbrot um des Himmelsbrotes willen zu verschmähen? Oder sind dir nur die Zehntausende der Großen und Starken teuer, die übrigen Millionen aber, die, zahllos wie der Sand im Meer, wohl schwach sind, aber dennoch dich lieben, sollen die dann nur als Material für die Großen und Starken dienen?" Und liebevoll fügt er hinzu: „Nein, uns sind auch die Schwachen teuer."

Der Herr schweigt.

Die Versuchung, die Jesus den Menschen anbietet, ist dem Großinquisitor nichts Unbekanntes. „Es gibt nichts Verführerischeres für den Menschen als die Freiheit seines Gewissens, aber es gibt auch nichts Quälenderes für ihn."

Der Herr schweigt.

Der greise Großinquisitor, lebenserfahren und lebenssatt, hat sich, wie er glaubt, für Dienste an den Menschen gegen die Qualen der Freiheit und für die Fürsorglichkeit des Glücks entschieden. Es ist eine verquere Dialektik: Die Feuer der Inquisition sollen die Menschheit vor den Qualen der Freiheit bewahren.

Jesus ist nicht vom Kreuz herabgestiegen, wie Wundersüchtige verlangt haben. Er hat sich nicht von den Zinnen des Tempels gestürzt, um seine Unverletzlichkeit zu beweisen. Weder Wunder noch Geheimnis noch Autorität setzte er ein. Er widerstand allen Versuchungen des Teufels. „Wunder, Geheimnis und Autorität", so nennt der Großinquisitor die einzigen Mächte, mit denen sich der Mensch regieren lasse – nicht jedoch mit der Freiheit.

Der Herr schweigt.

Ja, der Großinquisitor vertritt ein wohl durchdachtes, straff organisiertes Glücksprogramm, in dem für alles gesorgt ist.

„Freilich werden sie arbeiten müssen, aber in den arbeitsfreien Stunden werden wir ihr Leben zu einem Kinderspiel gestalten, mit Gesängen, Chören und unschuldigen Tänzen. Oh, wir werden ihnen sogar die Sünde gestatten – sie sind doch schwach und hilflos –, und sie werden uns wie Kinder dafür lieben, dass wir ihnen zu sündigen erlauben."

Der Herr schweigt.

Doch den Stachel des Zweifels konnte der Großinquisitor offenbar nicht ganz aus seiner Seele entfernen. Seine schroffe, selbstherrliche Anklage war in Wirklichkeit eine verzweifelte Lebensbeichte. Die Geste des Abschieds ist das Schweigen. Der Inquisitor „hätte sich gewünscht, dass Er ihm etwas sage, und wäre es selbst etwas Bitteres, Furchtbares". Der Herr aber schweigt. „Er aber nähert sich schweigend dem Greis und küsst ihn still auf die blutleeren 90-jährigen Lippen." In dieser Szene kulminiert das Drama zwischen Freiheit und Fürsorge. Der Kuss des Herrn ist das Zeichen liebevollen Verständnisses und im Schweigen verweigert der Herr das Einverständnis.

Warum? Weil Er die Gründe des Großinquisitors als gewichtig anerkennt? Nein, sondern weil er darauf vertraut, dass die fürsorgliche Glücksverheißung des Großinquisitors der christlichen Botschaft von der Freiheit des Menschen nicht gleichkommt. Denn Gottes Liebe gilt dem Menschen, der Gottes Liebe frei erwidern kann. Die Liebe Gottes löst keinen Zwang zur „Gegenliebe" aus. Erzwungene Liebe wäre gar keine Liebe. Wir sind frei, Gottes Liebe anzunehmen oder zu verweigern. Die Freiheit ist jedoch vertrackterweise auch der Zugang, durch den sich das Böse in die Welt schleicht.

Die Freiheit ist also einer der Gründe, warum Böses in der Welt geschehen kann. Deshalb sind wir für eine Ordnung verantwortlich, die Böses im Zaum hält. Dies gehört zum Arbeitsauftrag des Schöpfers, dessen freie Mitarbeiter wir sind.

Politik ist eine Antwort auf den möglichen Missbrauch der Freiheit, der leider auch in der Politik selbst liegen kann. Demokratische Ordnung ist Freiheitssicherung durch Gewaltenteilung. Keine Macht der Welt darf so mächtig werden, dass sie nicht von einer Gegenmacht im Zaum gehalten und abgelöst werden kann. Der mittelalterliche Dualismus zwischen Kaiser und Papst, schwer erkämpft, war der Wegbereiter der Freiheit durch Gewaltenteilung. Von der Bedrohung durch das Schwert des einen konnte sich der Bedrohte unter den Schutz des anderen Schwertes retten.

Demokratische Herrschaft ist Herrschaft auf Zeit. Demokratische Herrschaft ist die Konsequenz aus Erfahrungen mit dem Missbrauch der Herrschaft. Das Kunststück der Politik besteht darin, Freiheit zu ermöglichen und ihren Missbrauch zu bändigen. Machtbalance ist die Vorsicht, die aus dem skeptischen Wissen erwächst, dass alle Mächtigen unter der Versuchung des Missbrauchs ihrer Macht stehen. Auch sind wir nie sicher, wenn wir die Macht den „guten Menschen" anvertrauen, sind wir nie sicher, ob sie auch „gut" bleiben. In der Geschichte war die „Macht der guten Menschen" allzu oft nur die Macht der eigenen Verwandtschaft (oder der eigenen Gesinnungsclique), denen die Privilegien der Herrschaft zugeschanzt worden waren. Die Kumpanei der Guten, die sich für auserwählt hielten, die Menschheit zu retten, ist häufig eine besonders grausame Variante der Schreckensherrschaft (siehe Robespierre, Hitler, Stalin, Pol Pot).

Die Freiheitsordnung geht jedoch gerade über die Bändigung der Macht hinaus. Sie ist auf einen Überschuss ethischer Freiwilligkeit angewiesen. Die Moral der Menschen erfordert Freiheit in Verantwortung, die nicht nur an Gesetz und Institutionen gebunden ist. „Sittliches Sollen" übertrifft „rechtliches Müssen". Selbstverantwortliche Freiheit ist deshalb ein moralisches Kunststück, das über die Bändigung der Macht noch hinausgeht.

Freiheit und ihre Folgen – das ist der Fundus, aus dem die Theodizee ihr Material bezieht. Die Freiheitsfrage ist freilich, wie ich eingestehe, noch nicht die ganze Antwort auf die Theodizeefrage – aber ein Versuch, Ihn zu verstehen.

„Es wird schon alles gut" ist die Hoffnung, mit der die Verzweiflung überwunden werden soll. Ist diese Hoffnung naiv?

Dass Gott schließlich alles zum Guten wendet, ist eine Zuversicht, die sich unter den Bedingungen des Weltzustandes – gebe ich zu – nur mit Mühe aufrechterhalten lässt.

Da fällt mir noch eine schöne, alte rabbinische Geschichte ein. Ich weiß nicht, wo ich sie gelesen habe. Sie gefällt mir jedenfalls. Der alte Rabbi erklärt seinen Schülern, dass sich in Gottes Hand zu guter Letzt alles zum Guten wende. Einer seiner jungen, sich besonders schlau dünkenden Schüler stellt dem alten, klugen Rabbi eine kecke Fangfrage: „Aber was macht Gott mit der Leugnung, dass es ihn gibt?" Wie wendet Gott diese Todsünde zum Guten? Der Rabbi antwortet: „Daraus macht Gott, dass wir dann in einer Welt leben müssen, in der wir glauben, dass es ihn nicht gibt, und also dem Notleidenden helfen müssen, als gäbe es Gott nicht, und in der wir so die Armut der Armen um ihretwillen bekämpfen müssen und nicht um des Verdienstes bei Gott."

So wendet sich der Atheismus zu einer Frömmigkeit der Nächstenliebe, von der wir Gottgläubigen uns eine Scheibe abschneiden können.

Wenn das kein versöhnliches Angebot von mir an Sie ist, ja, dann … habe ich auch nichts Besseres mehr zu bieten.

Nichts für ungut.

Und demnächst noch mehr zur Frage nach Gott und dem Leiden, nach dem moralisch Bösen und dem natürlichen Übel. – Meine Zeit reicht nicht zum Nachdenken.

Herzlich
Ihr Norbert Blüm

Stuttgart, 25. Februar 2012

Verehrter Herr Doktor Blüm,

eindrucksvoll zeigt Ihr jüngster Beitrag einmal mehr, wie sehr sich die Geister scheiden. In nahezu allen wichtigen Punkten sehe ich mich genötigt zu entschiedenem Widerspruch.

Vorweg aber: Ich verstehe ja, dass meine Beiträge alle möglichen Empfindungen bei Ihnen wecken und Überlegungen auslösen, die Sie zuweilen selbst überraschen. Das verbuche ich als indirekte Zustimmung zu meiner Überzeugung, dass diese christlich geprägte Gesellschaft mehr solcher ungewohnten Dialoge zwischen Theisten und Atheisten dringend nötig hätte.

Nur leider, lieber Herr Blüm, hätte mein jüngster Brief keineswegs tausend Antwortbriefe erfordert, wie Sie schreiben. Vielmehr wäre ich sehr zufrieden gewesen mit dem einen, der doch noch etwas gründlicher auf meine zentralen Anliegen eingeht, der also einsichtig zu machen versucht, wieso sein Verfasser an diesem uneingeschränkt positiven Bild von Gott, Jesus und Bibel festhält – trotz aller Hinweise seines Widerparts auf die Nichtexistenz des einen, die befremdlichen Ambivalenzen beim anderen und die unendlich vielen Mängel und Fragwürdigkeiten in einer Sammlung alter Texte, die in weiten Passagen eher eine unheilige Schrift ist denn eine heilige.

Kürzlich schrieben Sie von einer massiven Kritik der Frommen an einem Buch von mir, durch die ich mich wohl bedrängt und verletzt gefühlt hätte. Da haben Sie mich gründlich missverstanden. Das Problem liegt anderswo, nämlich im Unwillen respektive in der Unfähigkeit meiner gläubigen Mitmenschen, fundamental kritische Einwände auch nur zur Kenntnis zu nehmen, geschweige denn sich damit auseinanderzusetzen. Eben deshalb erfährt der Atheist für gewöhnlich eben nicht „massive Kritik", sondern eher dröhnendes Schweigen. Das allerdings hat etwas Frustrierendes.

Frank und frei, lieber Herr Blüm: Frust droht sich auch einzustellen angesichts von Sätzen wie diesen: „Im Kreuzestod offenbart Gott den letzten Sinn des Menschseins, nämlich für andere da zu sein. Gott ist die Liebe ... Der exemplarische Mensch ist der Gottessohn Jesus ... Der von Gott zur Vervollkommnung berufene Mensch ist der Mensch der Liebe." Mit solch positiv besetzten, idealen, erbaulichen Begriffen beschwören Sie Grundmuster einer christlichen Rechtgläubigkeit, die so tut, als verstehe sie sich von selbst. Dabei handelt es sich in Wahrheit um eine Serie verwegenster Behauptungen. Gewiss, Sie stehen damit wahrlich nicht allein und können sich berufen auf Überlieferung. Große Gefolgschaft und ehrfurchtgebietende Tradition reichen aber bei Weitem noch nicht aus als Beglaubigung.

Der meterdicke und turmhohe Schutzwall um die so überaus fragile Gotteshypothese herum soll in Ihrem jüngsten Text noch verstärkt werden durch das Bild von einem Gott, der mit seinen Geschöpfen Freuden und Leiden teilt und sogar das Scheitern. Er, der doch uns und dieses Universum geschaffen haben soll, irgendwie, wird da unversehens quasi einer von uns. Dergleichen Versuche, Gott gegen Kritik und Aufbegehren zu immunisieren, sind ja nicht neu, verschlagen mir aber immer wieder den Atem. Ich weiß nicht, was ich mehr bestaunen soll: die Kühnheit solcher Konstrukte, die Entschlossenheit, sich über ihre vielfältigen inneren Widersprüche hinwegzusetzen, oder insgesamt diesen enormen Kraftaufwand bei dem Versuch, die theistische Idee zu retten, koste es, was es wolle.

Mit der Bitte um Nachsicht: Das ist ein ebenso beschwingtes wie frommes Auf-der-Stelle-Treten. Dagegen wäre ja noch nicht allzu viel einzuwenden, wenn es allein darum ginge, dass ein Christ seinen Standort beschreibt. Und so mancher unserer Leser wird ja genau das, lieber Herr Blüm, von Ihnen erwarten: dass Sie beherzt sagen, was aus gläubiger Sicht Sache ist. Aber in unserem doch auf ein argumentatives Für und Wider angelegten *Streit über Gott* scheint mir ein derart affirmatives Herangehen wenig ergiebig.

Ihr Gesprächspartner, um daran zu erinnern, ist nun einmal der Überzeugung und bringt unentwegt Gründe und Indizien dafür vor, dass so etwas wie der christliche Gott nichts anderes ist als das interessengeleitete Produkt menschlicher Erfindungsgabe; und dass Jesus Christus den großartigen Ruf nicht verdient, den er vornehmlich genießt aufgrund der seit eh und je üblichen hochselektiven Zitierpraxis in Kirchen und Schulen. Sie aber setzen wie selbstverständlich weiterhin Gottes Existenz voraus und obendrein ihn und seinen vermeintlichen Sohn Jesus gleich mit Liebe – und geben mir, der ich doch nur zu gern erfahren möchte, wieso Sie das tun, insofern reichlich Steine statt Brot.

„Wer da glaubt und getauft wird, der wird selig werden; wer aber nicht glaubt, der wird verdammt werden" – das soll Jesus selbst gesagt haben, jedenfalls Markus zufolge (16,16). Und das Evangelium des Matthäus legt ihm dies in den Mund: „Die Engel werden ausgehen und die Bösen von den Gerechten scheiden und werden sie in den Feuerofen werfen" (13,49). Drängt es Sie denn nicht, lieber Herr Blüm, mir und unseren Lesern zu erläutern, wie solche Drohungen zu vereinbaren sind mit Ihrem Bild vom radikal liebenden Gottes- und Menschensohn? Warum Sie nicht meine Ansicht teilen, dass hier zusammen mit den sogenannten Bösen auch die frohe Botschaft in Flammen aufgeht? Wieso auf Unglaube ein so grässliches Los wie ewige Verdammnis steht und Unglaube überhaupt ein strafbares Vergehen sein kann?

Eine derart von der Erfüllung gewisser Bedingungen abhängig gemachte Liebe ist eine Karikatur ihrer selbst.

Ein anderer Satz in Ihrem Brief ließe mich, wenn ich ihn denn wörtlich nähme, befürchten, dass Sie keine Schwierigkeiten haben mit diesem konditionierten Angebot, ja dass Sie sich die dahinterliegende Forderung zu eigen machen: „Mit Jesus jedoch überwinden die, die an ihn glauben, den Tod." Schön für sie, möchte man zugegebenermaßen etwas flapsig erwidern, und die anderen? Hindu, Muslime, dämonengläubigen Afrikaner und von krudestem Aberglauben erfüllte Menschen in Lateinamerika, Milliarden Asiaten, die seit Jesu Erdendasein nicht einmal etwas von ihm erfahren haben und deren heutige Nachfahren in ihrer übergroßen Mehrheit keinerlei Anstalten machen, die ihnen so fremde Religion der Langnasen zu der ihren zu machen, dazu Gottesleugner wie ich – fallen sie alle jenem Tode anheim, den nach Ihrer Ansicht diejenigen, die an Jesus glauben, „überwinden", was immer das heißen mag?

Ich ahne natürlich voraus, dass Sie erklären werden, Sie kennten Gottes Weg und Ratschluss nicht. Schon recht; denn gäbe es so etwas wie Gott, so ließe er sich wohl kaum ständig von seinen Geschöpfen in die Karten schauen. Andererseits aber meinen meine gläubigen Mitmenschen und zumal unsere Theologen in anderen Zusammenhängen so genau Bescheid zu wissen über Gottes Wesen, Taten und Pläne – jedenfalls füllen einschlägige Behauptungen kilometerlange Bibliotheksregale –, dass wieder einmal die Frage sich aufdrängt, ob es nicht vernünftiger und redlicher wäre, gänzlich zu schweigen über diesen fernen, unbekannten, unzugänglichen Gott – oder aber, noch vernünftiger und noch redlicher: von dem Glauben an ihn Abstand zu nehmen wegen der viel zu vielen triftigen Indizien, die gegen seine Existenz sprechen.

Zwischendurch: Ihr undogmatisches Nein zu der Lehre, dass die Menschheit erlöst wurde und erlöst werden musste durch das Leiden Jesu, ehrt Sie. Es ist ja auch eine zu groteske Vorstellung, dass ein seiner Schöpfung in Liebe zugewandter Gott auf ein solch blutiges Geschäft verfallen sein soll. Sie haben sich da allerdings die Freiheit genommen, einen zentralen Stein aus dem gewohnten Glaubensgebäude herauszubrechen und beiseitezulegen. „Nur Mut!", möchte ich Ihnen da am liebsten zurufen und mir wünschen, Sie führen fort mit den längst überfälligen Abrissarbeiten. Tue ich aber wohlweislich nicht.

Immerhin, ein weiteres zentrales Dogma, das jeglicher Vernunft Unerhörtes zumutet, wäre die These von der leiblichen Wiederauferstehung Christi …

Etwas anderes halte ich für wichtiger: das Thema Freiheit. „Menschen sind nämlich zu beidem fähig, zur Erfüllung oder zur Verfehlung ihres Wesens", schreiben Sie, „weil Gott sie als freie Wesen geschaffen hat, die zwischen Gut und Böse wählen können." Die Begeisterung moderner Theologie für die Freiheit ist ja gewaltig, wie die einschlägige Literatur zur Genüge zeigt. Ich fände diesen Enthusiasmus überzeugender, wenn in der Stiftungsurkunde des Christentums, der Bibel, dieses Thema auch nur annähernd jenen Raum und Rang einnähme wie in der ausschweifenden Rhetorik eines Joseph Ratzinger oder Jürgen Moltmann oder bei Dorothee Sölle, nach deren eigenwilliger Exegese Gott keine anderen Hände hat als die unseren. Jedoch stellt sich bei unvoreingenommener Lektüre der Bibel nur allzu bald heraus, dass sie alle möglichen Geister atmet; der der Freiheit ist nicht darunter. In der künstlichen, übermäßigen Betonung der Freiheit in den theologischen Modellen der Moderne sehe ich ein typisches nachgeschobenes Hilfsmittel, eine Krücke beim Versuch der Rechtfertigung Gottes aus dem Geiste eines sehr abstrakten Liberalismus (dem wir beide uns in politischen Zusammenhängen aus gutem Grunde verweigern). Und es bleibt höchst seltsam, dass dieselben, die eben noch die Freiheit als zentrales Angebot des Christentums bejubelt haben, schwerste Nachteile zumindest billigend in Kauf nehmen für den, der davon nicht den erwünschten Gebrauch macht. Das ist denn doch eine sonderbare Freiheitsverheißung.

Im Übrigen ist es zumindest problematisch, das Thema Freiheit so wie Sie zu verengen auf die Entscheidung zwischen Gut und Böse. Viel zu selten wird dies gedacht und gesagt: Es ist unangemessen und unfair, die Gattung Mensch ständig mit Hinweisen auf ihre Schwächen und Fehltritte unter Druck zu setzen. Wir haben uns unsere Defekte und Anfälligkeiten, unsere Verführbarkeit und unsere Versagensmomente nicht ausgesucht und gewiss nicht gewollt. Angelegt sind unsere Schwächen in dem, was wir die menschliche Natur nennen, also einem riesigen Konglomerat aus der Erbmasse der Spezies. Der „böse“, der destruktive Anteil daran macht sich beim einen öfter, beim anderen weniger oft bemerkbar durch konkretes Tun – und diese Disposition für Egoismus, Aggression, Habgier oder Selbstüberschätzung ist ein Schicksal, dem buchstäblich niemand zu entrinnen vermag.

Um nicht missverstanden zu werden: Fehler und Versagen bleiben auch bei dieser Betrachtungsweise Fehler und Versagen. Und dies selbst dann, wenn man wie ich geneigt ist, in Übereinstimmung mit manchen Vertretern der Neurobiologie und, dies vor allem, *wegen unseres Ausgeliefertseins an das eigene Ich* erhebliche Fragezeichen zu setzen hinter die ehrwürdige These von der Willensfreiheit. Indessen will ich das nicht vertiefen. Das Terrain, auf dem wir uns bewegen mit unserer Kardinalfrage nach Gott, ist vermint genug.

Nur so viel noch: Fehl am Platze ist der in der abendländischen Religion zum Vorschein kommende Versuch, dem Menschen aus seiner unausweichlichen Schwäche gewissermaßen einen existenziellen Strick zu drehen und daraus seine angebliche Angewiesenheit auf so etwas wie göttliche Vergebung abzuleiten. Und im Übrigen: Gäbe es Gott, wie oft hätte der denn versagt bei seiner Entscheidung zwischen Gut und Böse, und das wäre in seinem Falle zumindest auch die zwischen Eingreifen und erbarmungslosem Zusehen? Wie oft also hätte Er Vergebung nötig und Nachsicht?

Lieber Norbert Blüm, Dostojewkijs Großinquisitor will uns einen Scheingegensatz einreden. Wieso Freiheit *oder* Glück? Menschen sollen beides beanspruchen dürfen, die Voraussetzungen für beides zu schaffen ist Aufgabe von Politik und Gesellschaft, und „Brot für die Welt“ soll doch wohl nicht auszuspielen sein als Teil eines Antagonismus namens „Fürsorge versus Eigenverantwortung“. Ich fürchte, Dostojewskij, der beim Schreiben der Großinquisitor-Szene längst fromm gewordene Rebell von einst, wollte das tun, worauf es unzähligen Gläubigen vor und nach ihm auch ankam: Gott rechtfertigen. Im Hohelied auf Freiheit und Selbstbestimmung sehe ich den in immer neuer Gestalt wiederkehrenden Versuch, Gott freizusprechen von aller Verantwortlichkeit für das Grauen auf dieser Welt, um sie dem Menschen zuzuschieben.

Denn nur so ließe sich ja der Glaube an einen Gott aufrechterhalten, der es irgendwie gut meint mit uns und seiner

Schöpfung insgesamt. Was aber hat das haitianische Kind, das nach einem Erdbeben, also einem nicht vom Menschen verursachten natürlichen Übel, qualvoll langsam verhungert oder an Typhus buchstäblich verreckt, mit solchen Zuordnungen zu schaffen? Oder gar mit der Wahl zwischen Gut und Böse? Was mit Ihrem höchst problematischen Szenario von „Erfüllung oder Verfehlung des menschlichen Wesens"? Und warum zerreißt der Anblick jenes Kindes und seiner verzweifelnden Mutter diesem Gott, *der doch die Liebe ist*, wie uns der Papst und Norbert Blüm und unzählige andere fromme Menschen unablässig beteuern, nicht das göttliche Herz, wenn es ihn denn gäbe und er eines hätte? Ihm, den Norbert Blüm so rühmt: „Gott bringt seine Gabe zu den Menschen. Die Wegstrecke verläuft nicht von unten nach oben, sondern Gott kommt zu uns herab."

Ich fürchte sehr, das sind nichts als Wünsche und Worte.

Die ganze Wirklichkeit auf unserem Planeten, diesem verlorenen Winzling am Rande der Milchstraße, ist eine andere. Sie ist spröde, sie ist viel weniger idyllisch und überhaupt nicht mysteriös im Vergleich zu Ihrer Welt, in welcher ständig ein mal verborgener und mal herzhaft drauflos agierender und bei Bedarf wieder geheimnisvoller Gott irgendwie präsent sein soll oder jedenfalls sein könnte. Einer, der immerfort Hoffnungen am Leben erhält, seinen Anhängern gute Gefühle verschafft und nie vergisst, den Ketzern mit dem Zaunpfahl winken zu lassen.

Diese ganze Wirklichkeit ist profan und majestätisch, faszinierend, grau und grausam und voller ungeklärter Fragen und Rätsel. Und in jeder millionstel Sekunde millionenfach erfüllt vom „Stirb und Werde".

Diese ganze irdische Wirklichkeit kommt ohne Gott aus. Dies im dreifachen Sinne: Sie braucht ihn nicht, weder zum Existieren noch zum Verstandenwerden, und sie macht, so wie sie nun einmal ist, die Gotteshypothese in hohem Maße unglaubwürdig.

Diesen Vorteil jedenfalls haben wir Gottesleugner: Wir haben die Angst vor Ihm abgelegt; beugen das Knie nicht vor einem Phantom: sagen nicht Dank für ein Leben, das entstand ohne Sein Zutun; müssen uns deshalb auch nicht peinigen mit der Furcht, Ihm nicht zu genügen – anders als Unzählige, für die ihre Religion weniger Frohbotschaft war als nie versiegende Quelle von Schuldgefühlen und Instrument der Unterdrückung gegenüber sich selbst und anderen.

Weil aber diese Wirklichkeit zugleich so komplex ist und zugleich auch hier redliche Nüchternheit geboten, deshalb, lieber Herr Blüm, schlage ich Ihr versöhnliches Friedensangebot notgedrungen aus. Denn dass der Atheismus sich wende zu einer Frömmigkeit der Nächstenliebe, ist ein sehr optimistischer Wechsel auf eine ferne und höchst ungewisse Zukunft. Ob wir Gottlosen ihn einzulösen vermögen, steht in den Sternen. Kraft und Anstoß zur tätigen Nächstenliebe kommen, so wie der Mensch nun einmal tickt, eher aus dem Glauben denn aus dem Unglauben. Daran wird sich noch lange wenig bis nichts ändern.

Diese Feststellung macht aber Ihren Glauben nicht wahrer, als er ist – entgegen einem weitverbreiteten kurzschlüssigen Denken.

Denn leider ist das Feld der Religion ein Tummelplatz von Torheiten, und das beileibe nicht nur aufseiten ihrer Anhänger. Fortwährend wird dort alles Mögliche durcheinandergeworfen und miteinander verrührt. So begegne ich täglich Äußerungen, die zu Recht darauf hinweisen, dass die Individuen und die Gesellschaft Werte brauchen, und daraus zu Unrecht Wasser auf die Mühlen der Religion lenken wollen. Durchweg gelingt das. Denn zahllose Mitbürger trauen einer säkularen Ethik nicht über den Weg. Irrtümlich meinen sie, Gebote wie Anstand, Ehrlichkeit, Hilfsbereitschaft oder ziviles Miteinander bräuchten unbedingt den Ritterschlag von ganz oben, sonst fehle diesen schönen Prinzipien die Autorität. Dass die Gattung Mensch ihnen Gewicht und Verbindlichkeit selbst zuschreiben und verschaffen könnte, eine solche emanzipatorische Vision ist ihnen fremd. Dieses konservative, ängstlich-pessimistische Menschenbild muss man nicht teilen. Es enthüllt fehlendes Verständnis für die Gesetzmäßigkeiten der Evolution, die uns eben nicht nur von der Durchsetzung des Stärkeren erzählt, sondern auch von Kooperation und Solidarität als Instrumenten zum Erhalt der Art. Und es offenbart eine erschreckende Geringschätzung zwischenmenschlicher Vernunft, sowohl im Hinblick auf ihre Reichweite als auch auf die Chancen ihrer praktischen Anwendung.

Ob also die religiöse Illusion irgendwann einmal in unseren Breiten und sogar global als solche durchschaut und ad acta gelegt wird, das ist höchst ungewiss. Sollten aber solche Zeiten tatsächlich einmal kommen, wird hoffentlich ein bewusst säkularer Humanismus an ihre Stelle treten als Fundament einer allgemeinen Regel, die unter anderem handelt von der Pflicht zur Zuwendung zum Mitmenschen. Richtschnur sein für die kleine Minderheit derer, die sich in aller Bescheidenheit, ohne jeden Hoch- und Übermut, auf diesen langen Weg machen – das kann er schon jetzt.

Es grüßt Sie sehr herzlich
Ihr Peter Henkel

15. März 2012

Lieber Herr Henkel,

ist das Ross, auf dem Sie reiten, verehrter Herr Henkel, nicht doch etwas zu hoch geraten?

Ja, was kann ich tun, um Sie zufrieden zu stellen? Sind Sie erst am Ziel, wenn ich Ihnen schreibe: „Sehr geehrter Herr Henkel, Sie haben recht. Ich konvertiere zum Atheismus"? – Und wir schlagen das Buch zu, stellen das Nachdenken ein und beenden den Briefwechsel – hurra?

Sie wären „sehr zufrieden gewesen mit einem Brief, der auf meine zentralen Anliegen eingeht", schreiben Sie und beschweren sich, dass Ihnen nicht einsichtig gemacht werde, „wieso sein Verfasser an diesem uneingeschränkt positiven Bild von Gott, Jesus und Bibel festhält, trotz aller Hinweise seines Widerparts auf die Nichtexistenz des einen, die befremdlichen Ambivalenzen beim anderen und die unendlichen vielen Mängel und Fragwürdigkeiten einer Sammlung alter Texte, die in weiten Passagen eher eine unheilige Schrift ist denn eine heilige".

Ich schreibe mir die Seele wund, berichte Ihnen von meinem leider nicht über alle Zweifel erhabenen Glauben, und bei Ihnen heißt es darauf, dass Ihnen „Frust droht" über Glaubensbekenntnisse von mir. Über die Hartnäckigkeit Ihrer Glaubensverweigerung habe ich nie Frust empfunden, sondern sie hat eher mein Bemühen verstärkt, Ihre Gründe zu verstehen.

Wie, lieber Herr Henkel, verstehen Sie eigentlich Dialog? Könnte das Gespräch zwischen uns nicht auch dadurch erleichtert werden, dass wir beide den Versuch machen, den anderen zu verstehen, ohne ihm deshalb zustimmen zu müssen?

Toleranz bedeutet für mich: dulden, was ich nicht billige. Toleranz verlangt nicht Zustimmung. Dass Ihre Einwände Überlegungen auslösen, die – wie ich zugegeben habe – mich zuweilen selbst überraschen, ist doch Ihr Verdienst, wie Sie zu Beginn Ihres Briefes mit einer gewissen berechtigten Genugtuung vermerken. Von einem „dröhnenden Schweigen" auf die Kritik am Gottesglauben kann jedenfalls in unserem Briefverkehr nicht die Rede sein.

Ich breche hier meine Beschwerde über die apodiktischen Zensuren ab, als die ich leider Ihre Argumentation bisweilen (nicht immer) empfinde. Ein Austausch von Empfindlichkeiten bringt uns nämlich vermutlich nicht weiter. Deshalb mag es damit sein Bewenden haben, und ich wende mich wieder Ihren Einwänden zu.

Sie monieren in Ihrem letzten Brief die harten Verdammungsurteile, die in der Bibel enthalten sind. Ja, in den biblischen Texten sind auch Botschaften versammelt, die unangenehm sind, z. B. die harten Aussagen über die Verdammnis. Darin ist ein Urteil über misslungenes Leben enthalten. Wie weit unser Versagen durch die Umstände bedingt und wie weit es von uns zu verantworten ist, das kann Gott besser entscheiden als wir.

Es war aber doch auch einer Ihrer Vorwürfe, dass die Bibel eine Sammlung „herzerwärmender Illusionen" enthalte. Der schwerste Vorwurf war ja, die Bibel sei ein schönes Märchen, das durch die Hoffnung auf ein himmlisches Paradies von der Härte des Diesseits ablenke. Die Textstellen, an denen sie sich in Ihrem letzten Brief stoßen, sind aber keine Jenseitsvertröstungen, sondern Jenseitsdrohungen. Wie diese Strafandrohungen mit der Liebe Gottes zu vereinbaren seien, fragen Sie. Gottes Liebe nimmt den Menschen ernst. Der Mensch kann versagen. Das ist seine Freiheit, und das ist nicht folgenlos. Denn sonst wäre der Kampf, den jeder auch in sich führt, nur ein Spiel. Wie die „Strafe Gottes" beschaffen ist, weiß ich nicht. Ein höllisches Heizkraftwerk wird sicher nicht der Ort der Sühne sein.

Sie ironisieren in Ihrem Brief die „Begeisterung moderner Theologie für die Freiheit" und fänden „diesen Enthusiasmus überzeugender", wenn er auch tatsächlich in der Bibel enthalten wäre.

Damit beginnt die Bibel, Herr Henkel! Schöpfung und Sündenfall sind originäre biblische Freiheitsparabeln. Mit dem mythischen Bild vom „Biss in den verbotenen Apfel" beginnt die biblische Frühgeschichte der Freiheit, und sie enthält zugleich die Nachricht von einem Schöpfer, der es zulässt, dass sich seine Geschöpfe von ihm abwenden können.

Bevor ich jedoch zur Freiheitsfrage im Zusammenhang mit der Theodizee zurückkehre, geht es mir noch einmal um die Sprache, mit der wir von Gott und dem Leid sprechen können. Sind die Grenzen der Sprache die Grenzen unserer Welt? Sind es die Poeten und Propheten, welche die Grenzen von Sprache und Welt verrücken? Gibt es sprachlose Erkenntnisse? Wie weit lässt Gott mit sich reden? Wer oder was verschlägt uns die Sprache? Fragen über Fragen.

Adorno zweifelte, ob man nach Auschwitz noch Gedichte schreiben könne. Mich bedrängt allerdings mehr der Gedanke, ob man nach Auschwitz noch von Gott sprechen könne.

Auf die sprachlichen Verlegenheiten, welche die Grausamkeiten von Auschwitz auslösen, ließe sich vielleicht noch antworten, dass sich nach Auschwitz überhaupt nur noch in einer Sprache reden lässt, die jede Banalität vermeidet, welche die Brutalität alltagstauglich macht. Auf die Spitze getrieben wäre gerade das vollkommene Gedicht die eigentliche kommunikative Immunisierung gegen die barbarische Brutalität der nationalsozialistischen Todesanweisungen. Der industriell organisierte Völkermord jedenfalls bediente sich der bürokratisch-banalen Verwaltungssprache, um die Ungeheuerlichkeiten zu tarnen, zu denen hier die Anweisungen gegeben wurden.

In welcher Sprache könnte man die Dringlichkeitsfrage an Gott richten, warum er zuließ, dass sechs Millionen Menschen in Auschwitz laute oder leise Todesschreie ausstießen?

Je mehr man grübelt, umso tiefer versinkt man in undurchschaubare Dunkelheit, auf die man sich keinen Reim machen kann. Mit Gott über Auschwitz zu reden, bietet sich keine Poesie an.

Schwarze Milch der Frühe wir trinken dich nachts
wir trinken dich mittags und morgens wir trinken dich abends
wir trinken und trinken
ein Mann wohnt im Haus dein goldenes Haar Margarete
dein aschenes Haar Sulamith er spielt mit den Schlangen
Er ruft spielt süßer den Tod der Tod ist ein Meister aus
Deutschland.

So brachte Paul Celan auf der Grenze zwischen Schaudern und Sprechen das Grauen ins Wort. Wie verhindern wir, dass uns die Worte des Entsetzens im Halse stecken bleiben? Schreien?

Uns bleibt vielleicht noch die Sprache Hiobs. Sie ist eine verbitterte Rede des verständnislosen, unverstandenen Anklägers. Unsere Klagen, Flehen, Bitten sind dagegen oft erschütterungsfrei glattgestrichen und weichgespült.

Als beklemmend bis peinlich empfinde ich bisweilen die in die sonntägliche Messfeier zwischen großen liturgischen Texten eingeklemmten kleinen Fürbitten. Sie erzählen dem lieben Gott meist fast im privaten Plauderton von unseren Leiden, Nöten, vielleicht noch von der Katastrophe der Woche. Mein Gott, die kennt der doch. Gott bedarf keiner Fürbitten als Blindenhund zu unserem Elend. Die privatistisch-pietistische Innerlichkeit ähnelt mehr einem Spiegelkabinett, in dem „schöne Seelen" sich beleuchten, betrachten und bewundern.

Hiob ruft. Hiob randaliert. Er versteht Gott nicht. Versteht ihn Gott?

Eine Sprache, die dem Geheimnis der Theodizee gerecht werden will, ist ein Gebet um die Gnade des Glaubens. Ohne Gott keine Theodizee, und ohne Theodizee kein Gott: Das ist der unausweichliche Zirkelschluss, in den kein Atheist rein- und aus dem kein Theist rauskommt. Gottes Rechtfertigung bleibt ein Glaubensgeheimnis.

Allmächtig, allgütig, allwissend – das sind die drei Erkennungszeichen monotheistischer Gottheiten. Doch diese Dreieinigkeit zerbricht an den Erfahrungen der Realität. Als Allmächtiger ist Gott nicht allgütig und als Allgütiger nicht allmächtig, solange Leid in der Welt ist. In diesem Dilemma befindet sich unsere Gottesvorstellung, ein Dilemma, das wir nicht einfach wortreich wegreden können, um das, was bleibt, dann Glauben zu nennen. Dann wäre Glauben nichts anderes als der Schleier, hinter dem sich unsere Ratlosigkeit verbirgt. Wenn das Schreien nicht das Denken verhindern soll, muss man der Enttäuschung über Gott das Nachdenken über Gott entgegensetzen – und trifft dabei auf Verwickeltes.

Es wächst bei mir die Einsicht, dass Leid nicht gleich Leid ist und dass das Unglück ungleiche Ursachen besitzt.

Auschwitz und den Tsunami trennt eine spezifische Differenz: Auschwitz ist menschengemacht, der Tsunami eine Naturkatastrophe. Das Erste ist ein moralisches Böses, das Zweite ein natürliches Übel. Auschwitz ist kein Naturereignis, sondern eine Schande der Kultur, und der Tsunami kein Kulturereignis, sondern ein Schicksalsschlag der Natur. Auschwitz war kein Fatum, kein unausweichliches Verhängnis. Auschwitz geht auf unser Konto. Auschwitz wird in unserer Verdrängungsgeschichte oft zu einem bedauerlichen, aber einmaligen nationalen Unfall eingeebnet, den dann die Täter, die längst verstorben sind, zu verantworten haben. Die „Übrigen" aber haben davon nichts geahnt. Die Pointe dieses feigen Fluchtversuchs vor den schrecklichen Tatsachen ist die Behauptung, „der Führer selbst" habe von den Gräueln nichts gewusst.

Ich bedarf zur Widerlegung dieser historischen Versteckspiele, die als Entlastungshilfen eingesetzt werden, keiner Dokumente. Mir reichen dazu frühkindliche Erinnerungen. Eines Sonntagmorgens beim Frühstückskaffee sagte meine Mutter zu meinem Vater lapidar: „Gestern haben sie Frau Lang abgeholt." Fortan umkurvte Herr Lang mit wirrem Haar, den Händen auf dem Rücken und starrem Blick das Viertel, in dem wir wohnten. Herr Lang, der Herr von angesehenem Stande, Besitzer des ersten Hauses für Damen- und Herrenkleidung am Platz, war durchgedreht. Wir Kinder wichen ihm schon von Weitem scheu aus, wenn er uns morgens auf dem Schulweg entgegenkam und mittags noch immer sein Haus umkreiste. Herr Lang blieb den Rest seines Lebens auf der Suche nach seiner Frau. Frau Lang, die gute Nachbarin, die Frau mit den versteckten Bonbons unter der Ladentheke, die sie uns Kindern immer heimlich zusteckte, das war die Frau mit dem gelben Stern auf der Jacke. Den sahen wir – und auch, dass sie verschwunden war. Sie kam nie wieder. Wir Kinder, ja, wir Kinder wussten es, dass der gelbe Stern und der Tod von Frau Lang etwas miteinander zu tun hatten.

Sicher sind die „Entscheider“, „Befehlsgeber“, „Abholer“, „Transporteure“, „Vergaser“ die „Schuldigen“! Aber sonst niemand?

Wenn ich mir den Begriff der Erbsünde erklären will, komme ich auf unsere jüngste „Vergangenheitsbewältigung“ und entdecke Parallelen mit den alten Versuchen, „Erbsünden“ wegzureden.

Sünden kann man nicht vererben. Sünde ist persönliches Versagen. Sünden gehören dem Sünder – exklusiv. Richtig! Es gibt keine Kollektivschuld!? Aber vielleicht gibt es Umstände, in die wir hineingeboren werden, welche die Strukturen des Bösen prägen, die uns bestimmen, mit denen wir uns jedoch nicht einfach abfinden dürfen, wenn sie nicht fortwirken sollen. Das sind unsere „Erbsünden“, für die wir mithaften. Dieses Verschlungensein in unsere Herkunft ist unsere Mühsal mit der Erbsünde. Also ist das Böse nicht einfach eine Privatsache, sondern auch eine Sache vererbter Gemeinschaft. Der Mensch lebt nicht allein und nicht nur im Jetzt.

Gott lässt den Menschen schuldig werden. Das Böse ist der Preis der Freiheit. Die Freiheit, das Gute zu tun, schließt die Freiheit zum Gegenteil ein. Das ist das Dilemma und die Würde der Freiheit.

Das Leiden auf Erden hat jedoch nicht nur moralische Entscheidungen zum Grund, sondern auch unbeeinflussbare natürliche Ursachen. Das moralische Böse und das natürliche Übel sind zwei unterschiedliche Quellen der Leiden. Die eine gehört in den Bereich der Kultur, die andere zur Natur. Zum Bereich der Natur zählen die Katastrophen, welche den Menschen weder als Verursacher noch als Auslöser haben: Tsunami, Erdbeben, Vulkanausbrüche.

Warum, lieber Gott? Kein Mensch hat dieses Unglück ausgelöst. Wo ist da Freiheit im Spiel und Verantwortung? Die Naturkatastrophe hast Du, Gott, ohne uns gemacht!

Aber haben die Naturkatastrophen gar nichts mit unserer Freiheitsfrage zu tun? Gibt es möglicherweise eine Freiheit hinter der Freiheit, nämlich eine Freiheit im evolutionären Sinn? Ist in der Naturkatastrophe nur Schicksal enthalten, dem wir uns passiv beugen müssen, oder sind in ihr Herausforderungen an uns und die Welt enthalten, die sich in einem fortgesetzten Evolutionsprozess entfalten, an dem wir abwehrend und fördernd beteiligt sind?

Bei der Fahndung nach einer plausiblen Rechtfertigung für die natürlichen Übel stoße ich also wieder auf eine Freiheitsfrage – diesmal allerdings nicht auf die persönliche Wahlfreiheit und ihre sozialen Folgen (siehe Erbsünde), sondern auf die Freiheit, die auf die Provokationen der Natur antworten muss. Freiheit als evolutionäres Prinzip übertrifft einerseits unser individuelles Entscheidungspotenzial und fordert es andererseits dennoch heraus.

Die Natur selbst ist nicht ein feststehendes, statisches Gebilde, sondern ein Prozess, der in Sprüngen und Brüchen abläuft. Dieser Naturprozess wird von erdgeschichtlichen Katastrophen begleitet. Die Geschichte des Kosmos ist eine Geschichte von Unter- und Aufgängen, Anfängen und Enden, denen er seine Entstehung und seine Entwicklung verdankt. Teilhard de Chardin sah im kosmischen Schaffen Gottes eine „Einsmachung", in der Übel als unvermeidliche Nebenprodukte der Evolution ausgeschieden werden.

Diese zielgerichtete Entwicklung geht von der Geosphäre, in der die Erde entsteht, über die Biosphäre, in der das organische Leben auftritt, bis zur Noosphäre, welche die „Vergeistigung" des Seins antreibt, deren Vorbote der

Mensch ist. In diesem Schritt vom zweiten zum dritten Stadium tritt der Erlöser Jesus Christus ins Drama des Kosmos. Teilhard beschreibt die kosmische Entwicklung fast hymnisch und in erstaunlicher Übereinstimmung mit neuesten naturwissenschaftlichen Erkenntnissen, zu denen paläontologische und astrophysikalische Entdeckungen gehören. Selbst ein so gottesskeptischer Mann wie Aldous Huxley zollte Teilhard de Chardin hohen Respekt, und Adolf Portmann, der Anthropologe, bewunderte ihn.

Diese katastrophische kosmische Evolution ist nicht ziellos. Teilhard de Chardin beschreibt sie als eine Hominisation des Kosmos. Sie folgt nicht dem Prinzip der zufälligen Auswahl. Nicht Darwin ist der „Zuchtmeister“ und der von Mutation und Selektion unterstützte Zufall der Anpassung sein Helfer, sondern ein göttlicher Plan. Nicht der Fitteste ist der Sieger im Überlebenskampf, sondern der Geist Gottes lenkt die Evolution. Zufall oder Plan: das ist die kosmische Alternative. Evolution ist Entfaltung Gottes. Am Ende steht nicht Chaos, sondern personale Vollendung.

„Entweder strebt das Leben keinem Ziel zu, das sein Werk aufnimmt und vollendet, dann ist die Welt absurd, selbstzerstörerisch, durch den ersten reflektierten Blick verurteilt, den sie um den Preis eines unermesslichen Bemühens hervorgebracht hat; und das bedeutet wiederum Auflehnung, diesmal nicht mehr nur als eine Versuchung, sondern als eine Pflicht.

Oder aber, es gibt Etwas (jemanden), in dem jedes Element nach und nach in seiner Vereinigung mit dem Ganzen die Vollendung dessen findet, was in seiner Individualität an Rettbarem aufgebaut wurde: und dann lohnt es die Mühe, sich der Mühsal zu beugen und sogar sich ihr zu weihen; allerdings in einem Bemühen, das die Form einer Anbetung gewinnt.“ (Teilhard de Chardin)

Der Pol, das Zentrum, das alle Evolution anzieht, ist nicht ein Etwas, sondern ein Jemand: Gott. Das höchste Sein ist die Person Gottes. Nicht das Allgemeine, sondern das Besondere komprimiert das Sein, das sich in Relationen verdichtet. Das ist der Kern der Trinitätstheologie.

Vielleicht eröffnet uns die Denkschule der modernen Naturwissenschaften neue Zugänge zum Gottesverständnis. Nur in Abhängigkeit vom jeweiligen Standort des Betrachters und in Annäherung erfasst die naturwissenschaftliche Erkenntnis ihr Objekt. In der Heisenberg'schen Unschärferelation geht es darum, dass jeder naturwissenschaftliche Versuch der Bestimmung bereits ein störender Eingriff ist, der die Subjekt-Objekt-Beziehung verändert. Im Naturgeschehen bleibt eine Rest-Spontaneität. Das Sein ist nicht die Summe von Dingen, sondern eher als Prozess von Beziehungen vorstellbar. Anders als in der aristotelischen Metaphysik begreift der Mensch nicht den Wesensbegriff, sondern ergreift in der modernen Naturwissenschaft Aspekte eines größeren Ganzen, das er naturwissenschaftlich nicht völlig auflösen kann.

Substanzialität tritt im modernen wissenschaftlichen Weltbild zurück, Relationalität hervor.

Wenn die Struktur der Materie physikalisch als „Wellenpakete" definiert wird, als ein „aktuales Sein", „dessen scheinbare ‚Substanzialität' in Wahrheit allein aus dem Bewegungsgefüge sich überlagernder Wellen resultiert", dann ist das „ein erregendes Gleichnis für die actualitas divina, für das schlechthinnige Akt-Sein Gottes, und dafür, dass das dichteste Sein – Gott – allein in einer Mehrheit von Beziehungen, die nicht Substanzen, sondern nichts als ‚Wellen' sind, bestehen und darin ganz eines, ganz die Fülle des Seins bilden kann" (Joseph Ratzinger).

Das Weltverständnis dynamisiert sich. Gott entmaterialisiert sich. Materie transformiert sich in Energie. Masse wandelt sich in Personalität. Bahnt sich gar eine neue Gotteserkenntnis den Weg, und zwar im Sinne einer Komplementarität, deren Aspekte durch die Gnade zusammengehalten werden?

Gott, das lehrt uns eine Theologie, welche durch die Schule kosmischer Evolution gegangen ist, ist keine Sache, keine Allgemeinheit. Gott ist die Liebe. Liebe ist Relation. Gottes Liebe ist eine personale Beziehung, keine Habe. Gott ruft den Menschen beim Namen ins Dasein. Jeder Mensch ist gottgerufen. Ein Du antwortet dem Ich, das ohne Du kein Ich wäre.

Im Kern dieses christlichen Personbegriffs steht nicht ein Individuum als letzte Substanzgröße. In dieser anthropologischen Wende verbirgt sich „eine Revolution des Weltbildes“: „Relation“ wird „eine gleichrangige Urweise des Wirklichen“ (Joseph Ratzinger).

Ich verliere mich in Selbstgespräche, sehr geehrter Herr Henkel. Sorry! Vermutlich langweilen Sie sich, beginne ich zu ahnen. Vielleicht sind Sie mehr an der Apologie des Atheismus interessiert als ich an der des Theismus.

Es wäre schade, wenn uns im Eifer der Gefechte – recht zu bekommen und recht zu behalten – ein paar Streifzüge versperrt blieben, auf denen wir möglicherweise alte, kostbare Vermutungen über Gott und die Welt und darüber, ob es ihn überhaupt gibt, wiederfinden. Es gab Zeiten, da waren solche Fragen keine Nebensächlichkeiten. Schließlich grübeln die Menschen über Gott, seitdem sie sich überhaupt Gedanken machen können. (Und vor uns lebten auch schon kluge Köpfe.)

Gott war keineswegs nur die Sache der Experten unter unseren Vorfahren. Gott war länger populär als apokryph. Unsere Vorfahren waren wahrscheinlich früher Priester als Jäger und Ackerbauern. Die Religionen haben jedenfalls die

Menschwerdung des Menschen länger und tiefer beeinflusst, als es Wissenschaft und Technik taten.

Was müssen das doch noch für religiös leidenschaftlich entfachte Zeiten gewesen sein, als sich die Fischverkäuferinnen von Ephesus noch über die Natur Jesu – gottgleich oder gottähnlich? – stritten. Uns geht es dagegen offensichtlich nicht mehr um die letzten Fragen, sondern eher um Fragen wie: „Wer ist Sieger im Konfessionsstreit oder im *clash of civilizations*?" Doch es könnte eine neue, vergeistigte Glaubensglut die Welt erfassen, sich einen Dreck um die verrotteten atheistischen und theistischen Besitzstände kümmern und die Gottesfrage mit neuer existenzieller Ernsthaftigkeit ans Tageslicht befördern. Die Perversionen der religiösen Fanatiker sind dabei nur die abseitigen, fehlgeleiteten Irrwege einer neuen elementaren Gottessuche. Steht die Welt gar vor einem großen Sprung, durch den sie Gott näher kommt? Das jedenfalls zählt zu den Visionen Teilhards de Chardin.

Mich beschleicht allerdings, während ich dies schreibe, die Vermutung, dass ich in unserem Gespräch nicht verständlich machen kann, um was es mir eigentlich geht. Mir schwant, dass wir möglicherweise grandios aneinander vorbeireden. Auch Sisyphus blieb auf der Strecke. Deshalb zurück zum „Schichtplan" unseres Gesprächs: Theodizee.

Welche Rolle spielen die natürlichen Übel in der Hominisation des Kosmos und im göttlichen Evolutionsplan? Sind die Übel der Naturkatastrophen die Geburtswehen der kosmischen Evolution? Als Herausforderung an unsere Freiheit verlangen sie uns ungewöhnliche Antworten ab. Auf Zusammenbruch folgt Aufbau und nach Aufbau Zusammenbruch. Wir müssen uns immer wieder neu justieren, freilich in Zeit- und Welträumen, die unsere Lebensspanne übergreifen.

Es ist wie mit dem Tod. Ohne Tod würde unser Leben fade verdämmern. Ohne Angst und Tod entschwände wahrscheinlich aus unserem Leben die Solidarität und sogar die Liebe. Jeder wäre sich selbst genug. Eine Welt mit unsterblichen Olympiasiegern wäre eine autarke Schreckensgesellschaft.

Doch die Evolution der Natur hat das menschliche Geschehen erfasst und reißt es über Übel hinweg ins Höhere. Kreuz, Tod, Leid und Katastrophen sind die Auferstehungsstufe der Humanisation des Kosmos.

Anders als die Aufklärungsphilosophie, die durch den Schock des Lissabonner Erdbebens von 1755, bei dem bis zu 100.000 Menschen ihr Leben verloren, aus der Bahn geworfen wurde, gerät der christliche Eschatologe durch Katastrophen nicht außer Tritt. Für die Anbeter der Vernunft war die damalige Lissabonner Katastrophe der Zusammenbruch all ihrer naiven Fortschrittserwartung. Ihre Zuversicht, Wissenschaft und Technik würden alle Probleme lösen und Gott überflüssig machen, schwand dahin. Die Gottlosen waren fanatische Anbeter der Göttin Vernunft. Ihr Gott war jedoch nicht nur ein mickriger Kosmologe, sondern dazu auch noch ein hinterhältiger Erlöser. Der technologische Heiland bot nämlich nicht nur zivilisatorischen Fortschritt, sondern ebenso barbarische Vernichtungswaffen. Es sollte sich zeigen: Wissenschaft und Technik waren zum Bau der Atombombe fähig. Hiroshima war eine ihrer Spitzenleistungen. Der Mensch kann mehr, als ihm lieb ist – sogar den Weltuntergang organisieren. Zwischen Humanisation, Hominisation und Verteufelung spielt sich das Drama der menschlichen Freiheit ab, in dem wir auf Gottes Beistand angewiesen bleiben.

Gegenüber allen Untergängen bleibt eine christliche Hoffnung: dass wir in freier Mitwirkung die Schöpfung bewahren können und alle Zukunft in den Händen eines Gottes ruht, der alles zum Guten wendet.

Von guten Mächten wunderbar geborgen
Erwarten wir getrost, was kommen mag.
Gott ist bei uns am Abend und am Morgen
Und ganz gewiss an jedem neuen Tag.

Über diese Zeilen von Dietrich Bonhoeffer, der an einem grauen Montagmorgen, am 9. April 1945 in Flossenbürg von den Nazis umgebracht worden ist, sollten Sie nicht abschätzig hinweggehen. Was Bonhoeffer schrieb, schrieb er im Schatten des Todes. Es sind „geprüfte Texte".

Lieber Herr Henkel,

Sie haben mich in dunkle Stollen meines Glaubens getrieben. Immer noch nicht, trotz aller klugen Überlegungen, kann ich Ihnen erklären, warum Gott das Leid zulässt.

Ich tröste mich über meine Niedergeschlagenheit damit hinweg, dass ich nicht der Einzige bin, der dieses Schicksal, ohne Antwort zu sein, erleidet.

Ich teile dieses Los, Gott nicht erklären zu können, mit großen Theologen und bedeutenden Philosophen, jedenfalls Leuten, denen gegenüber ich mich als kleiner Gottesstümper empfinde.

„Jede Vorstellung von Gott ist menschlich", bleibt also hinter dem zurück, was Gott ist, schreibt Henri de Lubac, ein großer Gottessucher des vorigen Jahrhundertsn – und er blieb dennoch auf Gottes Spur.

Karl Rahner beschreibt „die Unbegreiflichkeit des Leids" als ein „Stück der Unbegreiflichkeit Gottes". „Es gibt kein seliges Licht, das die finstere Abgründigkeit des Leides erhellt als Gott selbst. Und ihn findet man nur, wenn man liebend

‚Ja' sagt zur Unbegreiflichkeit Gottes selbst, ohne die er nicht Gott wäre." Wo diese Liebe fehlt, bleibt nur die nackte Verzweiflung, von der Rahner sagt, „dass sie die eigentlich einzige Form des Atheismus ist, die man ernst nehmen muss". Der vom Tode gezeichnete Romano Guardini soll auf dem Sterbebett Walter Dirks anvertraut haben, er werde sich im letzten Gericht nicht nur fragen lassen, sondern auch selber fragen, warum Gott zum Heil die fürchterlichen Umwege, das Leid der Unschuldigen, die Schuld zulässt. Kein Dogma und kein Lehramt, keine Theodizee und Theologie, auch die eigene nicht, habe ihm diese Frage beantworten können.

Immanuel Kant, der scharfsinnigste aller Vertreter der aufklärerischen Vernunft, kapitulierte vor dem Problem der Rechtfertigung Gottes, die wir akademisch als Theodizee bezeichnen.

„Der Ausgang dieses Rechtshandels vor dem Gerichtshofe der Philosophie ist nun: dass alle bisherige Theodizee das nicht leiste, was sie verspricht, nämlich die moralische Weisheit in der Weltregierung gegen die Zweifel, die dagegen aus dem, was die Erfahrung an dieser Welt zu erkennen gibt, gemacht werden, zu rechtfertigen; obgleich freilich diese Zweifel als Einwürfe ... auch das Gegenteil nicht beweisen können."

In der Theodizee gibt es keinen philosophischen Beweis, aber auch keinen Gegenbeweis. Das ist das eindrucksvolle Resümee des Immanuel Kant, aber nicht sein letztes Wort: „Ob aber nicht doch etwa mit der Zeit tüchtigere Gründe erfunden werden können, das bleibt doch noch immer unentschieden."

Kant, der Vernunftphilosoph, lässt also ein kleines Schlupfloch zur größeren Gotteserkenntnis offen, dazu, Ihn einst doch noch besser erklären zu können. Das bleibt auch mit und nach Kant eine Hoffnung.

Lieber Herr Henkel, die Evolution bietet offenbar zwei Ausgänge: Gott zu verabschieden oder Gott näher zu kommen. Die menschliche Geschichte verläuft nicht linear, aber auch nicht zirkulär, sondern, so vermute ich, eher spiralförmig. Deshalb gibt es Zeiten größerer und geringerer Gottesferne. Zu guter Letzt aber geht's aufwärts zu Gott. Das jedenfalls ist meine glaubensgestützte Hoffnung.

Offenbar bedarf die Vernunft eines Quäntchens Wagemut, um ihren eigenen Besitzstand zu überspringen. Gäbe es für Gott den unwiderlegbaren Vernunftbeweis, dann würde uns keine Entscheidung für oder gegen ihn abverlangt. Freiheit wäre dann auch nicht mehr ein Spiel, sondern nur logische Konsequenz. Freiheit jedoch ist unsere humanitäre Würde, deren Elemente nicht nur aus Logik bestehen.

Ich glaube an Jesus, unseren Bruder, und ich glaube an Christus, den Pantokrator des Kosmos.

Lieber Herr Henkel, nach so großen Worten bekenne ich Ihnen ganz kleinlaut: Mir sind diese Bekenntnisse fast peinlich, jedoch gebe ich zu, dass sie mir gegenüber frommen Leuten schwerer fallen als Ihnen gegenüber.

Wie kommt das?

Ich scheue fromme Bekenntnisse, die mir leicht von der Zunge gehen und bei frommen Zuhörern schwer wiegen. Auf Katholikentagen und ähnlichen Zusammenballungen guter Menschen reizt mich die Bereitwilligkeit, meine frommen Reden zu bewundern oder gar zu übertreffen. Es überspült mich dann bisweilen ein lauer Strom der Über-Übereinstimmung, der mich misstrauisch macht, sogar gegen mich selbst. Ich ahne dann, was Luther meinte, als er sagte, dass Gott das Fluchen der Gottlosen lieber höre als das Halleluja der Frommen.

Aber auf der anderen, der Gegenseite der Frömmigkeit provoziert mich noch mehr die triumphalistische Gottlosigkeit, die aus dem Atheismus eine neue Religion macht. Diese Religion ist keine Theorie, sondern eher eine Praxis, getragen von einer großen Koalition, die von den alten Bolschewisten bis zu den neuen Wissenschaftsenthusiasten reicht. Lenin hoffte für die Sowjetunion auf die Verbindung von Kommunismus und Elektrifizierung. Ein Weg der Erlösung von allem Leid ist das nicht. Die modernen Genmanipulateure versprechen den leidfrei gestellten Menschen nach den perfekten Plänen ihrer Produzenten. Auch sie liegen falsch.

Jetzt erst wird Nietzsches Projekt des „neuen Menschen" als Übermensch ein realistisches Projekt. Zuvor allerdings muss Gott noch für tot erklärt werden. Das ist die Realität einer „hoffnungslosen Gottlosigkeit". Sie will das letzte Wort behalten.

Dem stellt Bonhoeffer sein Projekt einer „verheißungsvollen Gottlosigkeit" gegenüber. Diese Gottlosigkeit, die verheißungsvolle, tut sich schwer mit der schmerzlosen und leisen Verabschiedung Gottes und leidet darunter.

Vielleicht entstand diese „verheißungsvolle Gottlosigkeit" aus der Enttäuschung über eine abgestandene Frömmigkeit, die sich ihres Gottes so sicher war, wie man einer Habe sicher ist, und die deshalb bequem wurde. Die verheißungsvolle Gottlosigkeit dagegen fahndet nach Gott, sehnt sich nach der Rückkehr Gottes.

Diese verheißungsvolle Gottlosigkeit sucht Ihn nicht in einer virtuellen Ferne, sondern in der Nähe des Diesseits, das freilich offen für Transzendenz bleibt.

Vor ein paar Tagen stieß ich auf einen Brief von Dietrich Bonhoeffer, den er am 21. Juli 1944 aus der Gefängniszelle an seine Liebste schrieb: „Ich habe in den letzten Jahren mehr und mehr die Diesseitigkeit des Christentums kennen und verstehen gelernt.“ Dieser, in Todesgefahr einen Tag nach dem gescheiterten Hitler-Attentat geschriebene Satz hat sich tief in mein Gedächtnis eingegraben. Was meinte Bonhoeffer mit „Diesseitigkeit des Christentums“? „Später erfuhr ich und erfahre es bis zur Stunde, dass man nur in der Diesseitigkeit des Lebens glauben lernt“, schreibt er. Bonhoeffer sieht im Diesseitsdienst einen Gottesdienst. Diesseitigkeit bedeutet für ihn, „in der Fülle der Aufgaben, Fragen, Erfolge, Misserfolge, Erfahrungen und Ratlosigkeiten“ zu leben und so dem Leben nicht vorschnell in eine jenseitige Heiligkeit zu entfliehen. Bonhoeffer erklärt im Kerker seinen Abschied von dem hochmütigen Versuch, ein Heiliger zu werden. (Das war auch mein Kindheitstraum.)

Das Dasein teilen, das ist das Geheimnis der Menschwerdung, das Geheimnis des Gottessohnes Jesus Christus.

Bonhoeffer verkündet ein geradezu doppelbödiges Programm der Verweltlichung des Christentums, in dem sowohl die Erde als Diesseits wie der Himmel als Hoffnung enthalten sind. Man könnte Bonhoeffers Programm als eine „transzendente Diesseitigkeit“ verstehen. Diese „transzendente Diesseitigkeit“ ist nicht die Umwandlung der Theologie in Soziologie, sondern nichts anderes als das Ernstnehmen der Theologie der Inkarnation. „Und das Wort ist Fleisch geworden und hat unter uns gewohnt!“

Bonhoeffer dreht den Spott des Karl Marx, der den Himmel den Pfaffen und den Spatzen überlassen wollte, um und wendet ihn positiv zum Daseinsdienst der Christen: Dasein teilen.

Bonhoeffer führt nur die marxistische Klassensolidarität wieder zurück zur solidarischen Haftung: alle für einen und einer für alle. Dasein teilen ist der kategorische Imperativ einer solidarischen Moral.

Für diese Einsicht pochen Christen auf keinen Patentschutz und auf keine Erkenntnisprivilegien. Die Weisheit

„Dasein teilen“ ist allgemein zugänglich. Dennoch wird sie auch vom christlichen Glauben gestützt.

„Das Dasein teilen“, das ist auch das Glaubensgeheimnis der Erlösung. Der Gottessohn teilt sein Leben mit den Menschen. Im Abendmahl konstituiert sich die Kirche. Das Abendmahl vollzieht sich als eine Liturgie des Teilens. Liebe, die größte unserer Begabungen, heißt: Dasein teilen. (Mit der paradoxen Konsequenz, dass dieses Teilen reicher macht.)

Ich erinnere mich nach vielen Jahren noch immer eines „Diesseitsgottesdienstes“ besonderer Art, der vielleicht der Bonhoeffer'schen Liturgie nahegekommen wäre.

Es war einmal … vor vielen Jahren.

Auf einem leeren Acker im Südsudan landeten wir mit einer kleinen Transportmaschine – verbotenerweise. Aus dem umliegenden Gebüsch stürmten, wie aus dem Boden gezaubert, hundert Mädchen auf unser Flugzeug zu. Pakete mit Medikamenten und Nahrungsmitteln wurden im Nu auf die Köpfe der Mädchen verladen. Da wurde nicht lange gefackelt und geprüft, welcher Kopf zu welchem Paket passte. Und dann ging es im Gänsemarsch los. Unterwegs pendelte sich die gerechte Lastverteilung zwischen den Trägerinnen wortlos ein (ohne Zwischenschaltung einer Enquetekommission oder gar erst nach Modellversuchen).

Der Marsch war schrecklich: Hitze, nichts zu trinken, streckenweise mussten wir lautlos schleichen, denn wir durchquerten ein von der Regierung kontrolliertes, verbotenes Gebiet. Wir drei, Heiner Geißler, Rupert Neudeck und ich, sammelten Grenzerfahrungen.

Am dritten Tag kamen wir im Lager von Cap Anamur in den Nuba-Bergen an. Schon von Weitem hörten wir die Trommeln und Trompeten. Die Späher hatten uns angekündigt. Das ganze Dorf war auf den Beinen und im Freudentaumel. Wir liefen durch ein Spalier tanzender, singender Menschen, sprangen zur Begrüßung über ein geschlachtetes Lamm, mussten ein Feuer umkreisen ... Einzug in ein himmlisches Jerusalem. Die Trägerinnen machten nicht einmal eine Verschnaufpause. Sie lachten, sprangen, von keiner Erschöpfung geplagt, als kämen sie gerade vom Schulausflug zurück. Das Fest schien kein Ende zu nehmen.

Danach marschierten wir drei Tage wieder zurück. Diesmal lastfrei. Im Nachhinein erscheinen mir die drei Tage wie ein Traumfest des Glücks.

Dasein teilen!

Vierzehn Tage später die Nachricht aus den Nubabergen: Die Schule des Dorfes wurde von einer Bombe aus einer Regierungsmaschine getroffen. 18 Kinder zerfetzt.

Dasein teilen.

Die Kirche nicht als „mater et magistra“, sondern Christen als Weggefährten, das wäre ein geschwisterlicher Daseinsdienst, den sich alle Menschen, Atheisten wie Theisten, teilen könnten.

Ist nicht die christliche Religion eine Religion der „Verweltlichung“ und deshalb „diesseitstauglich“? Ist nicht die biblische Botschaft sogar das erste Programm der Entmythologisierung? Die Sterne, der Mond und die Sonne sind in der Bibel keine Götter, sondern Beleuchtungskörper am Firmament. Diese Botschaft entzauberte die Welt. Flüsse wurden fortan überbrückt, nicht tabuisiert, Erdschätze ausgegraben, nicht verehrt, das Feuer gezähmt, nicht gefürchtet, Bäume gefällt, nicht verehrt. Das Alte wie das Neue Testament ist ein „Säkularisationsprojekt erster Klasse“, und dieses vollzog sich in einer fatalistisch-totemistischen Umwelt, von der sich die biblische Welt unter Kämpfen emanzipieren musste.

Die Diesseitigkeit, für die Bonhoeffer eintritt, setzt nicht den Verzicht auf Transzendenz voraus. Im Gegenteil. Die Weltüberlegenheit Gottes macht die Welt frei zu ihrer Erforschung und Bearbeitung. Der biblische Schöpfungsbericht verabschiedete alle innerweltlichen Numinositäten. Die Natur wird entsakralisiert. Das ist auch der Kern des humanen Arbeitsethos. Die Erde wird der Herrschaft und Hege des Menschen überantwortet. Indem der Mensch die Welt bearbeitet, bearbeitet er sich und treibt die Schöpfung Gottes weiter.

Mehr Entzauberung einer mythischen Welt gab es nirgendwo und niemals. Gott wird einer von uns!

Über den Diesseitigkeitsdienst des Christentums würde ich gerne mit Ihnen, sehr verehrter Herr Henkel, noch streiten. Da komme ich endlich zu meinem Spezialgebiet, der christlichen Soziallehre, da bin ich zu Hause.

Wie es der Zufall fügt, kann ich jetzt auch wieder den Gesprächsfaden weiterspinnen, an den Sie mit Ihren Bemerkungen zu Dostojewskijs Großinquisitor anknüpfen.

In Dostojewskijs Gespräch zwischen dem Großinquisitor und dem Herrn wird nach meinem Verständnis weder ein politisches Programm entwickelt noch ein ideologisches System aufgebaut. Das (einseitige) Gespräch des Großinquisitors mit dem schweigenden Herrn handelt von dem unaufgelösten Dilemma zwischen Freiheit und Glück (und zwar auf einem Nebenschauplatz der Theodizee, die wir gerade besprochen haben).

Zwischen Freiheit und Glück tobt seit der Französischen Revolution, also nun schon seit über 200 Jahren, der Kampf der Ideologien, der Kampf zwischen Liberalismus und Sozialismus nebst ihren Abarten.

Dostojewskij betreibt in seinem Gespräch keine Kriegsberichterstattung, sondern beschreibt die Elemente, aus denen dieser Kampf besteht: Freiheit und Glück. Hegel hat das historisch-philosophische Bewegungsgesetz dieses Krieges als eine Reihe dialektischer Sprünge zwischen Gegensätzen beschrieben.

Zwischen Individualismus und Kollektivismus schwingt das Pendel der Moderne mit großer Heftigkeit. Die naive Behauptung von Francis Fukuyama, mit dem Zusammenbruch des Sozialismus habe der Kapitalismus endgültig gesiegt und die Geschichte sei an ihr Ende gekommen, erwies sich als pubertäre Täuschung vermeintlicher Sieger. Der Krieg geht unter anderen Fahnen, aber mit verwandten Inhalten weiter.

Fürsorglich kümmert sich der Großinquisitor um das kollektive Glück, bereit, dafür die Freiheit des Individuums zu opfern. Er hat folgsame Nachahmer gefunden. Schließlich wurde auch der Gulag mit guten Vorsätzen zur „Erziehung des Menschengeschlechts" und zum Nutzen des großen Ganzen eingerichtet. Hitler, Stalin, Pol Pot – alles Glücksbringer, aber ohne Freiheit. Die neuen Fürsorger vermögen die Freiheit gentechnisch zu entsorgen. Es fließt kein Blut. Aseptisch sauber vollzieht sich der Austausch des freien gegen einen glücksprogrammierten Menschen.

Das Glück nahm schon der Großinquisitor kurzerhand für sein Fürsorgeversprechen in Beschlag. Das Glück der Freiheit, das zu bringen der Großinquisitor Christus vorwirft, soll erst in späteren Zeiten folgen, „wenn alle satt sind". Die Kommunisten nennen diesen zukünftigen Himmel des Glücks „klassenlose Gesellschaft". Auf dem Weg zu dieser gingen sie allerdings über Leichen – so wie der Großinquisitor mit den Scheiterhaufen der Inquisition.

Auf der anderen Seite sollte der Konkurrenzkampf zwischen den Individuen alle Kräfte freisetzen und den unaufhaltsamen Wohlstand aller schaffen – von unsichtbarer Hand gelenkt. Freisein ist alles. Rücksicht ist Rückschritt.

Zwei Skorpione in einer Flasche. Das ist das debile Regierungsprogramm des Neoliberalismus: Der Wettbewerb hat Sieger und die Verlierer haben Pech. Es lässt die Menschen allein, ebnet jede Gemeinschaft ein und verwüstet jeden Zusammenhalt.

Beide Angebote haben versagt: Liberalismus wie Sozialismus.

Sie schreiben: „Im Hohelied auf Freiheit und Selbstbestimmung sehe ich den in immer neuer Gestalt wiederkehrenden Versuch, Gott freizusprechen von aller Verantwortlichkeit für das Grauen auf der Welt, um sie dem Menschen zuzuschieben." Nein, Herr Henkel, wir können und wollen nicht alles Elend abschieben auf konspirative Mächte, historische Konstellationen, gesellschaftliche Bedingungen oder Gott. Wir sind im Spiel – Gott sei Dank. Die Alternative sähe uns nur als Marionette – von wem auch immer. Unsere Mitverantwortung ist unsere Würde und unsere Last. Aber es geht nie nur um uns, sondern immer auch um die anderen, weil wir selbst sonst nicht sind, was wir sein können.

Was ist das Ziel? Wo ist der Weg? Gibt es keinen Aus-, keinen Umweg? Gibt es vorläufige Antworten oder immer nur Endlösungen? Die Quadratur des Kreises ist die Symbiose zwischen Freiheit und Glück.

Kann man aus Fehlern lernen? Geht das? Aus Erfahrung klüger werden? Sicherheit ohne Freiheit gleicht der Sicherheit der Gefängniszelle, in welcher die Insassen sicher verwahrt sind. Freiheit ohne Sicherheit dagegen ähnelt den Zuständen im Tierreich, wo bekanntlich der große Fisch den kleinen frisst. Gibt es die Lösung nur im Kompromiss? In einer fragilen Balance? Als gemischte Ordnung? Gerechtigkeit! Sie umfasst Freiheit und Glück. Gerechtigkeit – Prinzip und Tugend, „Morgenstern" nennt sie Aristoteles.

Freiheit ohne Gerechtigkeit ist für mich vorstellbar – z. B. in rücksichtsloser Barbarei, in welcher der mit der größten Keule gewinnt. Gerechtigkeit ohne Freiheit ist dagegen für mich „nicht machbar", denn zu meinem Verständnis von Gerechtigkeit gehört das Recht jedes Menschen, „er selbst" zu sein und „das Seine" zu haben. Vollendete Gerechtigkeit ist auf Freiheit angewiesen, missverstandene kommt ohne Gerechtigkeit aus. In der Idee der Gerechtigkeit leuchtet die Utopie eines gelungenen Lebens in einer guten Gesellschaft auf.

Die irdische Gerechtigkeit ist vielleicht nur als Kompromiss zu haben. Könnte dieser „Kompromiss" eine Überlebensformel liefern? Der Kompromiss setzt die Fähigkeit voraus, die Welt mit den Augen des Kontrahenten zu sehen. Diese Fähigkeit ist eine angewandte Gestalt der Maxime „Dasein teilen".

In der „ausgewogenen" Gerechtigkeit sind die Extreme integriert und so zur Balance gebracht. In der Gerechtigkeit sind Freiheit und Sicherheit in einer spannungsvollen Symbiose vereint.

Aber warum, Herr Henkel, warum soll es nur „eine kleine Minderheit" sein, „die sich in aller Bescheidenheit, ohne jeden Hochmut und Übermut" auf den „langen, steinigen Weg macht" zu einem säkularen Humanismus? Ich marschiere gerne mit, auch wenn es mehr sind. Die Sehnsucht nach kleinen Minderheiten teile ich nicht mit Ihnen. Man rutscht so leicht in den Hochmut der Demütigen: Auch das ist ein Elitendefekt.

Und wieso muss mein Humanismus so gottlos sein wie Ihrer? Könnten wir uns auf einen „toleranten Humanismus" einigen? Triumphalistischer Humanismus, von welcher Seite auch immer, verspricht nichts Gutes.

Für Überheblichkeiten gibt's keinen Bedarf. Die Erfolgsgeschichte des „gottlosen" Humanismus ist jedenfalls nicht in jedem Falle eindrucksvoller als die des „gottgläubigen".

Auch das Unterdrückungspotenzial eines säkularen Humanismus hat sich in der Geschichte nicht als schwächer erwiesen als das des religiösen Humanismus, und zwar vermutlich deshalb, weil beide ihren spezifischen Humanismus für sich reservieren wollten.

„Erkenne dich selbst" ist eine delphische Orakelweisheit, aus der das Sprichwort geworden ist: „Selbsterkenntnis ist der erste Weg zur Besserung." Ein von Selbstüberschätzungen gereinigter Humanismus wäre eine Chance, die wechselseitigen Ressourcen zu nutzen, die sich hinter dem Humanismus der jeweiligen Gegenseite verbergen. Kritische Wacht in den Grenzgebieten konnte unsereinen vorsichtiger agieren lassen. Es geht gar nicht mehr um Gebietsbefestigung oder gar Eroberung, sondern um einen lernbereiten Humanismus, der sich um Gemeinsamkeiten durch Verständnis bemüht.

Sie, lieber Herr Henkel, wollen – so habe ich manchmal den Eindruck – mit „heiligem Zorn" um des Glücks der Menschen willen die Welt von Gott reinigen. Ich dagegen will IHN verstehen – auch um des Glücks der Menschen willen.

Viel kann ich Ihnen leider nicht entgegensetzen an kirchlichem Entlastungspersonal. Wahrscheinlich könnte ich diesen „heiligen Rest" in meinem Wohnzimmer versammeln. Ich lade dann den kleinen Franziskus – früher Playboy, später ein heiliger Hippie – ein, den Verrückten aus Assisi. „Domina mea paupertas" – die Armut war seine Braut. Das Schönste, was er uns hinterlassen hat, ist sein Sonnengesang, eines der größten Gebete, die die abendländische Christenheit hervorgebracht hat. „Bruder Sonne", „Schwester Mond", „Bruder Wind", „Schwester Wasser", „Bruder Feuer", „Mutter Erde": Er umarmt die Welt. Alle zieht er in den Bann seiner zärtlichen Geschwisterlichkeit. Der kleine Francesco hat die Welt mehr verändert als viele, denen die Geschichte den Titel „der/die Große“ gab.

Mutter Teresa, Engel der Sterbenden in den Gossen von Kalkutta und selbst gebrechlich, käme durch die Hintertür dazu. Und Thomas von Aquin, der klügste Kopf des Mittelalters, wäre auch dabei. Er verstummte am Ende seines Lebens, weil er Größeres gesehen habe, als er je gedacht hatte. Vielleicht verrät er sein Geheimnis. Las Casas, Dominikaner, tapferer Verteidiger der Indios, brachte das Gewissen gegen die Goldgier der Conquistadoren in Stellung. Aus dem 16. Jahrhundert käme Theresa von Ávila angereist, eine große Kämpferin gegen halsstarrige Autoritäten, ob kirchlich oder staatlich, eine selbstbewusste Frau, Kirchenlehrerin, Mystikerin und Realistin: „Wenn Rebhuhn, dann Rebhuhn, wenn Fasten, dann Fasten.“ Benedikt von Nursia, ein Jahrtausend früher, der Vater des abendländischen Mönchtums, würde bei uns Platz nehmen. Er kultivierte auf den Trümmern des romischen Imperiums Europa: Ora et labora. Auf den Bänken seiner Klosterschulen brachte er den ungehobelten Germanenbuben das Lesen und Schreiben bei. Hildegard von Bingen, Äbtissin, Emanze und Theologin, Naturheilkundlerin, Musikerin, könnte das kulturelle Abendprogramm gestalten. Und „meinen“ Oswald von Nell-Breuning SJ würde ich natürlich herbeischleppen. Er müsste mir erklären, was er meinte, als er sagte: „Die zeitlosen Wahrheiten der katholischen Soziallehre kann man auf die Größe eines Fingernagels schreiben.“ Mit großer, unbestechlicher Autorität ist er für die Rechte der Arbeiter eingetreten. Und fast hätte ich ihn vergessen: Martin Luther. Er hat die Bibel unter „die Leut“ gebracht, indem er sie in die Sprache des Volkes übersetzte. Er ist der große Reformator des christlichen Glaubens. Martin kommt mit seiner Frau und mischt unsere Tischgesellschaft mit einer saftigen Tischrede auf. Langweilig wird der Abend jedenfalls nicht.

Aber was ist das für ein armseliges Häuflein von Heiligen gegen die Meute erfolgreicher Sünder und eindrucksvoller Verbrecher, deren Verfehlungen die Kirche auf dem Kerbholz hat?

Ich sehe, ich habe schlechte Karten gegen Sie, wenn ich um Gnade für den Glauben bitte. Aber was wäre aus der Welt geworden ohne mein Häuflein Heiliger? Sie haben Europa tiefer geprägt als alle Feldherren, Kaiser, Päpste, deren Namen in unseren Geschichtsbüchern stehen. Die Bedeutung Europas hängt nicht von seinen Schlachten ab, und der Reichtum Europas wird nicht in Geld gemessen. Auf diesen verrückten Einfall kam erst der Kapitalismus.

Als verkappte Einsatzreserve würde sich meine Heiligenschar unter die Phalanx der Atheisten mischen, die guten Willens sind, und wir würden versuchen, mitzuhalten auf dem großen Marsch der Heiligen und Unheiligen, jedenfalls jener, die sich mit dem Zustand der Welt nicht abfinden wollen. Das wäre sozusagen unsere „Theodizee". Sie können es auch anders nennen.

Wäre es möglich, unter Hintanstellung von Fragen, auf deren Beantwortung wir uns nicht oder noch nicht einigen können, uns doch auf einen gemeinsamen Weg zu machen ... so weit die Füße tragen?

Wir haben ja leider die Brücke noch nicht gefunden, auf der wir die Kluft überwinden können – noch nicht!

Herzlich
Ihr Norbert Blüm

Bad Ischl, 5. April 2012

Lieber Norbert Blüm,

angenommen, Sie würden mich zu Ihrer Wohnzimmerrunde einladen – ich käme natürlich. Mit einigen Gästen würde ich mich bestimmt gut verstehen, zum Beispiel mit Pater Oswald Nell-Breuning. Mit dem Doktor Luther hingegen geriete ich wohl ständig über Kreuz. Wie er gegen die Juden gewütet hat und gegen die Bauern und welche verheerenden Folgen das hatte, daran würde ich ihn erinnern. Und daran, dass er es ganz maßgeblich war, der der neuzeitlichen Christenheit in unheiliger Tradition eingeredet hat, der Mensch sei von Grund auf sündig und deshalb ganz und gar auf die Gnade Gottes angewiesen. Wahrscheinlich würde er nicht auf mich hören wollen, und deshalb brächte ich, natürlich nur mit Erlaubnis unseres Gastgebers Norbert Blüm, den Sigmund Freud mit. Der würde dem großen Reformator auseinandersetzen, wie unsinnig dieser Schuldkomplex ist und wie schädlich. Natürlich müsste unbedingt Jean Meslier dabei sein, der in Vergessenheit geratene Curé aus der Provinz, von dem ich Ihnen schon erzählt habe, sowie der Baron Holbach aus Deutschland, der konsequente, unkorrumpierbare Atheist, der sich in Paris unsterbliche Verdienste um das Erblühen der zarten Pflanze Aufklärung erwarb. Und schließlich würde ich der Tischgesellschaft die Anwesenheit von Richard Dawkins nicht ersparen wollen, dem britischen Provokateur, der mit seinem Bestseller *Der Gotteswahn* zur Zielscheibe für Leitartikler und Theologieprofessoren wurde. Die Frommen unter uns würde ich darum bitten, ihm wenigstens ernsthaft zuzuhören anstatt, wie üblich, nur die Gehässigkeiten eines philosophisch Ahnungslosen wahrzunehmen. Gelänge das, hätten wir an dem weltbekannten

Evolutionsbiologen immerhin ein wenig Wiedergutmachung geleistet für jene für uns Ketzer unvergessliche ZDF-Talkshow von anno 2007. Neben dem auf einen Übersetzer angewiesenen Dawkins saßen: ein katholischer Bischof, ein evangelischer Bischof, der Christ Heiner Geißler und der gläubige Moderator Johannes Baptist Kerner. In dieser Zusammensetzung sollte die Runde über den *Neuen Atheismus* diskutieren. Ein Skandal, der tief blicken ließ, aber natürlich als solcher gar nicht wahrgenommen wurde.

Lieber Norbert Blüm, da wir gerade beim Fernsehen sind: Dieser Tage gab es eine vorösterliche TV-Talkrunde über Kirche und Glaube und was sie uns noch zu sagen haben. Gleich zu Beginn fallen die bei diesem Thema gewohnten Stichworte: Trost, Angebot, Ruhe, Sinnfindung, erfülltes Leben, Grundbedürfnis. Ein bekannter Professor, der sich ab und an gern ins Kloster zurückzieht, rühmt Religion mehrfach als *Sehnsucht nach etwas, das das eigene kleine, begrenzte Ich übersteigt*. Der Autor eines Bestsellers, dessen Titel verrät, wie gnadenlos hier mit *dieser ganzen Scheiße* im Gnadenort Altötting abgerechnet wird, ersichtlich noch immer halb kaputt von seiner grauenvollen Kindheit mit diesem grauenvollen Vater und dem grauenvoll bigotten Milieu, bekommt von einem fiebrigen, lauten, ansonsten durch und durch katholisch-fröhlichen *Spiegel*-Schreiber mit einer ganz anderen Kindheit gesagt, er sehe halt nur diesen winzigen Ausschnitt aus einem doch ganz anders gearteten Ganzen.

Mit dabei ist eine frühere Bankerin, die sich von ihrem jetzigen und künftigen Leben als Ordensfrau bei den Benediktinerinnen *ein Mehr* verspricht.

Die Moderatorin bekennt, nicht mehr in die Kirche zu gehen, weil sie als Lesbe sich dort nicht mehr willkommen geheißen fühlt.

Eingespielt wird eine Umfrage auf der Straße: Was es denn eigentlich mit Ostern, diesem höchsten Fest der Christenheit, auf sich hat? Nicht ein Einziger weiß es. Nur der Moslem zuletzt, der schon. Der Mann vom *Spiegel* schäumt über diesen *religiösen Analphabetismus*, der gefördert wird von dem *Modernisierungsquatsch* in der Kirche, und sagt, dass gottlob Papst Benedikt sich dem entgegenstemmt.

Am Gründonnerstag bringt eine große deutsche Wochenzeitung zum Auftakt einer Serie zum Thema Religion vier Extra-Seiten. Erwartungsgemäß ist da viel von Patchwork die Rede, vom Glaubens-Mix, von leeren Kirchen und einer freischwebenden Spiritualität mit Parallelen zur Esoterik. Und davon, dass dennoch zwei von drei erwachsenen Bundesrepublikanern an Gott glauben, die Hälfte an ein Leben nach dem Tode und fast ebenso viele daran, dass Gott die Welt erschuf.

Schlaglichter auf die Szenerie, lieber Herr Blüm, in der wir unser Buch schreiben. Ein zerklüftetes Panorama, längst von niemandem mehr überschaubar. Hört man den ahnungslosen Passanten zu, könnte man meinen, die abendländische Religion stehe kurz vor dem Verdunsten. Und wir könnten unsere Wanderung auch abbrechen: für Dritte eh uninteressant. Sieht man aber beispielsweise die Medien, die ziemlich gut wissen, dass das Thema irgendwo zwischen Pflicht und attraktivem Aufreger angesiedelt ist und deshalb auch diesmal wieder zu Ostern problemlos Zeitungsspalten und Sendezeiten mit ihm zu füllen sind, wird glasklar, dass es so weit noch lange nicht ist.

Und das ist auch gut so. Religion und Glaube sollen ja auch gar nicht verdunsten, einfach so.

Und doch ist es seltsam: Die Frage, die uns beide beschäftigt, die ja eigentlich fundamentale nach der Existenz Gottes, auf die ein Nein all das andere im wahrsten Sinne bodenlos machte, sie spielt bei alldem nahezu keine Rolle. Beim TV-Talk waren es ein paar Sekunden, in denen eine Psychologin berichtete, dass sie über der Beschäftigung mit Auschwitz schon als Jugendliche Atheistin wurde. Näheres erfahren oder gar debattieren wollte niemand.

Das machen so viele mit sich selber aus – und möchten zugleich so genau gar nicht wissen, was sie sich denn wirklich denken bei der Sache mit Gott.

Am Ende der vier ZEIT-Seiten wird die Bemerkung eines französischen Philosophen zitiert, „der liebe Gott könne sich glücklich schätzen, dass er Johann Sebastian Bach geschaffen habe – denn der beweise, dass es Gott gibt".

So einfach ist das.

Natürlich lässt es sich vornehmer ausdrücken, akademischer. Aber ich wiederhole meine Formel: So vielen ist es nicht wichtig, *ob ihr Glaube wahr, sondern wozu er gut ist.*

Das zeigen die oben notierten Stichworte aus der Fernsehrunde. Das zeigt ein Titel wie *Yoga mit Jesus*. Gott und Glaube sind mehr denn je Gebrauchsgüter geworden. Es geht um eine nicht-ökonomische Form der *Verwirtschaftung*, von der Norbert Blüm neulich in anderem Zusammenhang schrieb.

Im Lichte dieser Erkenntnis wird so vieles verständlich. Weil er wie alle Lebewesen von der Evolution darauf getrimmt ist, seinen Vorteil zu suchen, nutzt der Mensch das Religiöse als seelischen Beistand, als Welterklärung, als ethischen Wegweiser, als Kulturproduzenten, als spirituelles Wellness-Programm, als Antwort auf seine tiefsitzende *Sehnsucht nach etwas, das das eigene kleine, begrenzte Ich übersteigt.*

Und deshalb verschwindet die Frage, was denn eigentlich dran ist am Glauben, aus dem Blickfeld. Zugleich ahnen nicht wenige, dass diese multiple Verzweckung von Religion zu sehr an der Oberfläche bleibt. Und das hat Folgen. Glaube gilt vielen nicht mehr als glaub-würdig: zu viel Weihrauch, zu viel Myrrhe, zu viel Schweigen an heiklen Stellen und zu vieles, was nicht zusammenpassen will.

In Hans Küngs eben erschienenem Jesus-Buch lese ich dies: „Gott will nichts für sich, nichts zu seinem Vorteil, nichts für seine größere Ehre. Gott will nichts anderes als den Vorteil des Menschen, seine wahre Größe, seine letzte Würde ... Gottes Wille, von der ersten bis zur letzten Seite der Bibel *(sic!)*, zielt auf das Wohl des Menschen auf allen Ebenen ..." Und über Jesus Christus schreibt der weltberühmte Tübinger Theologe, der verkünde „von Anfang an eine erfreuliche Botschaft von der Güte des nahenden Gottes und einem Reich der Gerechtigkeit, der Freude und des Friedens ..., eine Botschaft der Vergebung, Gerechtigkeit, Freiheit, Brüderlichkeit, Liebe".

Eine geballte Ladung tollkühner, oder präziser: höchstwahrscheinlich unzutreffender, aber ungemein erfreulicher Mitteilungen. Wie viele lassen sich mitreißen von solchen hochfliegenden Beschwörungen? Und wie oft weckt diese Sorte Theologie den Argwohn derer, denen beherztes Deklamieren nicht reicht?

Dieser selbe Gott will doch – so wird es Sonntag für Sonntag weltweit im Apostolischen Glaubensbekenntnis gesagt – dermaleinst Gericht halten über die Menschen, die aber auch seine Geschöpfe sind, und das werde für die meisten kein gutes Ende nehmen. Oder was soll diese Bibelstelle sonst heißen: Viele seien gerufen, aber nur wenige auserwählt (vgl. Mt 22,14)? Weigern sich meine gläubigen Mitmenschen, zur Kenntnis zu nehmen, was da steht, und wieso tun sie das? Ist das auch schon *zu rational:* einfach nur festzustellen, was ist? Oder ist das alles bloß noch bloße Folklore, die kein Mensch mehr ernst nimmt und auch nicht nehmen soll?

Und Gott selbst? Der ist außen vor, obwohl er diese Welt doch gewiss besser hätte einrichten können. Aber solches Mäkeln steht uns nicht zu, wie uns Paulus belehrt, der einflussreichste Theologe von allen. Und der Wanderprediger aus Nazaret will Widerspenstige holen und an Ort und Stelle niedermachen lassen (vgl. Lk 19,27) – soll jedoch in Wahrheit der Verkünder einer liebevollen Frohbotschaft sein.

Nicht wir Atheisten haben dergleichen zu verantworten. Die Gläubigen müssten es uns erklären.

Aber während wir ratlos die Köpfe schütteln, stimmt die Gemeinde der Insassen mit Inbrunst *Ein' feste Burg ist unser Gott* an und dreht die Zugbrücken hoch. Damit die heidnischen Reiter erst gar nicht in den Hof kommen.

Der Erlöser Jesus Christus soll gesagt haben: „Wer nicht in mir bleibt, der wird weggeworfen wie eine Rebe und verdorrt, und man sammelt sie und wirft sie ins Feuer und sie müssen brennen" (Joh 15,6). Natürlich kenne ich die – verständliche – Forderung, die Sprache der Bibel nicht eins zu eins zu nehmen. Macht das aber die Sache besser, wenn es nicht auf den Buchstaben ankommen soll, sondern auf den Geist, der da spricht? Und wie sinnvoll oder auch nur zulässig ist es, eine derart der Interpretation und der wohlmeinenden Übersetzung bedürftige Schrift mit dem imposanten Etikett *heilig* zu versehen? Und warum wohl werden solche Sprüche niemals Gegenstand von Predigt und Auslegung?

Vor allem kann ich nicht vergessen, dass geistliche Gerichte des Mittelalters darin eben keine gelungene Metapher sahen, sondern eine Rechtfertigung und sogar sehr konkrete Handlungsanleitung für die Holzstöße, auf denen sie über Jahrhunderte hinweg Abtrünnige, Zweifler, Hexen und aus anderen Gründen Denunzierte verbrennen ließen. So starben viele hunderttausend Menschen mitten in Europa, allein im schönen Bamberg binnen weniger Jahre fast tausend, und es heißt, oft hätten die Gaffer die Schreie der Gequälten zu übertönen versucht mit *Großer Gott, wir loben dich*. Sagen Sie mir doch, lieber Norbert Blüm, warum ich da nicht mit Stendhal der Überzeugung sein sollte, Gottes einzige Entschuldigung sei seine Nichtexistenz! Sonst hätte ja jener Gott, an den sich weltweit und unablässig Fürbitten und Dankgebete richten, dessen Einmischung in die irdischen Dinge für Theologie und Volksfrömmigkeit als gewiss gilt, weil er ja seit eh und je gedacht wird als ein handelnder Gott, ER also hätte tatenlos diesem unsäglichen Leiden zugesehen, das seine frommen Knechte ihren Mitmenschen zufügten unter Berufung auf IHN? Und ER hätte obendrein geduldet, dass brennend und singend Schindluder getrieben wird mit seinem Namen?

Wie viele andere Christen leiden ja auch Sie unter den Rätseln, die Ihnen die Theodizee aufgibt. Und wie viele andere nehmen Sie am Ende Zuflucht zum *Glaubensgeheimnis*. Sie werden verstehen, dass ich damit große Probleme habe. Sie wären geringer, wenn es nicht so viele Bücher frommer Autoren gäbe, von Küng bis Käßmann, von Grün bis Ratzinger, die mir haarklein auseinandersetzen, warum Gott dieses und jenes tat und tut und wie er beschaffen ist in seinem göttlichen Wesen. Auch Sie, lieber Norbert Blüm, sind ja überzeugt, dass Gott die Liebe ist und die Vernunft und natürlich vollkommen, und meinen zu wissen, wie wichtig ihm die Freiheit sei.

Es muss doch erstaunen, dass so viel Kennerschaft genau an der Stelle endet, wo es nicht ums Feiern und Preisen geht oder ums Hoffen und Gerettetwerden aus einer bloß behaupteten, nämlich geistlichen Not. Sondern ganz konkret und diesseitig um die unmittelbare Erfahrung von Elend,

Leid und Verzweiflung – die in jedem Augenblick so groß und so allgegenwärtig sind auf diesem Planeten, dass wir nicht leben könnten, würden wir auch nur gelegentlich Augen- und Ohrenzeugen eines winzigen Teils davon.

Zwischendurch, lieber Norbert Blüm: Das „hohe Ross", „apodiktische Zensuren" und dergleichen – ziemlich happig, was Sie Ihrem Wanderfreund da alles an den Kopf werfen im frommen Furor. Ich glaube nicht, dass mir solche Vorwürfe gerecht werden. Und sehe darin eher ein Beispiel dafür, wie schwer Gläubige sich tun mit ungewohnter Fundamentalkritik am Theismus. Und für dieses Dilemma kann ich ja nichts: Wenn ich im biblisch begründeten Gottesglauben alle möglichen Verstöße sehe – gegen Vernunft, Redlichkeit und voraussetzungslose Menschenliebe –, dann richtet sich solche Kritik zwangsläufig auch gegen dessen Anhänger. In derselben Lage wie ich hier ist aber beispielsweise auch Norbert Blüm, wenn er auf einem Podium den Kapitalismus geißelt als ein profitfixiertes, Werte und Maßstäbe verrückendes, im Kern menschenfeindliches Wirtschaftssystem, welches obendrein höchst erfolgreich seinen wahren Charakter verschleiert. Und wenn nun ein Unternehmer, also ein real existierender Kapitalist, das alles zu kontern versucht mit der Klage, wofür dieser Blüm sich eigentlich hält und woher er die Dreistigkeit nimmt, ihn, den Arbeitsplätzeschaffer, und außerdem auch Mitarbeiter wie Kunden hinzustellen als entweder Betrüger oder dumme Betrogene. Ich mutmaße, Blüm fände diese allzu personenbezogene Replik – methodisch ist sie zweifellos höchst beliebt – wenig sachdienlich; und er würde dem guten Mann wohl ordentlich heimleuchten. Ich wäre an Blüms Seite.

Aber zurück zu unserem Thema. Größte Probleme habe ich mit einem Denken, das sich viel zu sehr auf bloß Geglaubtes wirft und die Bedeutung empirischer Anknüpfungspunkte oder anderweitig plausibel gemachter Herleitungen (nicht: Beweise) verkennt. Und deshalb abhebt in die luftigsten Höhen. Ein Paradebeispiel ist da Teilhard de Chardin mit seiner Kosmologie, der Sie offenbar eine Menge abgewinnen können. Ich nicht. Ich halte dieses akrobatische Modell vom planetarischen Fortschritt bis hin zur geistigen Einheit der Vielen im ewigen Einen am Punkt Omega, an dem die in einem sehr speziellen Über-Ich geeinte Menschheit den mystischen Leib Christi annimmt, für den ebenso erfindungsreichen wie untauglichen Versuch eines Wissenschaftlers, Evolutionslehre und anerzogenen Glauben zusammenzuzwingen. Gott, der alle Geschichte zu sich hinaufzieht und am Ende in seiner Person letztes und höchstes Sein darstellt – lieber Norbert Blüm, da möchte ich wieder einmal meine Lieblingsfrage an die Urheber solcher und anderer metaphysischer Kühnheiten stellen: „Aha. Und wie kommen Sie darauf?"

Leider machen wir Gottlosen die Erfahrung, dass die Antworten für gewöhnlich sonderbar dürr ausfallen. So wie bei dem Hindu in Bertrand Russells *Warum ich kein Christ bin* mit seiner „Ansicht, die Welt ruhe auf einem Elefanten und der Elefant stehe auf einer Schildkröte; als man ihn fragte: ‚Und was ist mit der Schildkröte?', sagte der Inder: ‚Sprechen wir von etwas anderem!'"

Teilhard hat die beiden Weltkriege des 20. Jahrhunderts erlebt und erfahren, was in Auschwitz geschah. Könnte es nicht sein, dass da einer, der 18-jährig Jesuit wurde, allzu früh und dann für immer die Augen verschloss vor einer sehr sperrigen irdischen Wirklichkeit? Und anstelle einer realistischen Betrachtung der Welt es vorzog, sich seiner ebenso lebhaften wie wunschgetriebenen Einbildungskraft hinzugeben?

Sie, lieber Herr Blüm, hegen diesen Verdacht ja zumindest zeitweise offenbar auch. Mit dankenswerter Offenheit bekennen Sie aus den „dunklen Stollen“ Ihres Glaubens, „trotz aller klugen Überlegungen“ noch immer nicht erklären zu können, warum Gott das Leid zulässt. Wer aber wie Sie immer wieder seinen vorrangigen Wunsch beteuert, Ihn zu verstehen, oder das heikle Thema zu entschärfen versucht mit den Kategorien *Glaubensgeheimnis* und *Herausforderung an den Menschen und seine Freiheit,* der hat eben nicht nur schon die Existenz Gottes implizit bejaht, sondern er hat auch die Option, zu einem ganz anderen Ergebnis seiner Prüfung zu kommen, in den Giftschrank der gefährlichen Gedanken weggesperrt. Und den Schlüssel im Meer versenkt, dort, wo es am tiefsten ist …

Und mitten in Ihre Gedanken zur Theodizee hinein schreiben Sie: „Gott ist die Liebe … Gott ruft den Menschen beim Namen ins Dasein. Jeder Mensch ist gottgerufen.“ Sie werden, wenn ich wiederum herausfinden möchte, worauf Sie derart verwegene Aussagen stützen, am Ende wohl sagen, das sei halt Ihr Glaube. Ich erwidere, dass von einem Glauben, der vernünftig zu sein beansprucht, mehr erwartet werden muss als derart steile Thesen, die so tun, als bedürften sie keiner Begründung – und in Wahrheit nichts nötiger hätten als eben dies.

Lieber Norbert Blüm, ich habe bei unserer Wanderung durch das erwartungsgemäß unwegsame Gelände einen schweren Fehler begangen, den ich bereue. Meine besseren Vorsätze missachtend, habe ich mich auf viel zu viele Nebenwege begeben (sprich: locken lassen), anstatt mich zu konzentrieren auf unsere zentrale Frage. Entgegen der verbreiteten Ansicht, hier hätten Argumente und Gründe nichts zu suchen, entgegen dem das Denken hemmenden Hinweis auf nicht zu erbringende finale Beweise für Theismus wie für Atheismus und entgegen der Bequemlichkeit der daraus abgeleiteten trivialen Standardfloskel *Das muss eben jeder für sich selbst entscheiden* notiere ich hier nun endlich meinen Zehn-Punkte-Katalog:

Gott, in Übereinstimmung mit Volksfrömmigkeit und Mehrheitstheologie gedacht als ein personales, agierendes Wesen mit den unaufgebbaren Eigenschaften unendlicher Macht, Güte und Weisheit, existiert mit hoher Wahrscheinlichkeit nicht, weil ...

1. aus einem vollkommenen Schöpferwesen eine unvollkommene Schöpfung nicht hervorgehen kann; schon Jesus soll laut Matthäus 7,18 festgestellt haben: „Ein guter Baum kann nicht schlechte Früchte bringen."

2. die vermeintliche Schöpfung nichts aufweist – also weder Verhältnisse noch Ereignisse –, was nicht anders verstanden werden könnte denn als Spur von oder zu einem solchen Schöpfergott

3. Größe und Geschichte des Universums mit seinen nach heutiger Schätzung Milliarden mal Billionen Himmelskörpern einen irdischen Tunnelblick verbieten, für den ausgerechnet unser erst neun Milliarden Jahre nach dem Urknall entstandener Sonnentrabant am Rande der Milchstraße und seine Spezies Mensch Mitte, Sinn und Ziel göttlichen Wollens in diesem Kosmos sind

4. die Naturwissenschaften im Allgemeinen und die Evolutionslehre im Besonderen zwar noch sehr lückenhafte, aber insgesamt eine große Fülle befriedigender und verlässlicher Erklärungen für die Erscheinungen in dieser Welt liefern, die mit zentralen Aussagen des Theismus kaum oder gar nicht vereinbar sind

5. die Vielzahl der Religionen mit ihren sehr unterschiedlichen Botschaften notwendigerweise den Wahrheitsanspruch jeder einzelnen dieser Religionen relativiert

6. Werdegang und Schriften insbesondere der christlichen Religion mit ihren Eigenheiten und zahllosen Mängeln auf menschliche, nicht auf übernatürliche Akteure schließen lassen

7. vieles an den christlichen Erzählungen und Lehren hochgradig inhomogen ist und zudem unvereinbar mit Vernunft und Humanität

8. Leid und Not jeden Tag Unzählige quälen, auch ohne jede eigene Schuld, und es bis heute keine überzeugende Antwort auf die Frage der Theodizee gibt, warum Gott dies zulässt, beziehungsweise auf die Frage, ob ein Gott, der dies zulässt, überhaupt existieren kann

9. ein nichtmagisches Weltbild hinreichend Indizien für die Annahme bereitstellt, dass religiöse Vorstellungen generell nicht auf ein übernatürliches, d. h. menschliches Bewusstsein transzendierendes Schöpferwesen zurückgehen, sondern auf menschliche Erfindungsgabe und Überlieferungen, denen ihrerseits Wünsche, Ängste und Deutungsversuche in unterschiedlichsten Erscheinungsformen zugrunde liegen

10. entgegen verbreiteten Annahmen das Gewissen selbst keine Art Gottesbeweis darstellt (und ethische Normen eben nicht nur durch Bezugnahme auf göttlichen Ursprung Autorität gewinnen können).

Ich meine, dass diese Argumente gewichtig sind und für jedermann nachvollziehbar. Ich weiß aber auch, dass sie im ohnehin raren Alltagsdiskurs über die religiöse Kardinalfrage nahezu keine Rolle spielen.

Die Gründe sind wie oben beschrieben: Glaube, wie vage auch immer, ist den Gläubigen zu nützlich, zu schön, zu wertvoll, zu ehrwürdig, als dass sie ihn sich rauben lassen wollen.

Um Religionskritik abzuwehren, bietet sich eine Strategie an, deren Bedeutung nicht hoch genug einzuschätzen ist. Mit ihr lassen sich die Einwände der Neinsager weiträumig umfahren. Und sie hat den Vorteil, dass sie angewendet werden kann auch ohne das Bewusstsein ihrer Anwendung.

Sie besteht darin, dem Glauben Räume freizukämpfen.

Das geht auf vielfältige Weise vor sich. Sehr beliebt ist dieses dunkle Raunen: vom Horizont, vom Ziel, auf das wir uns zubewegen, vom letzten Wort, das nicht der Mensch habe, von einer nicht näher beschriebenen Macht, die uns umfängt, von geheimnisvollen Dimensionen.

Die ohnehin schon gewaltige einschlägige Literatur wächst immer weiter an. Der rhetorische Aufwand der Autoren ist enorm. Ob sich das alles bewahren würde vor jenem „Gerichtshof der Vernunft“, vor dem die Religion gelegentlich erscheinen sollte nach Ansicht des Immanuel Kant, das steht auf einem ganz anderen Blatt.

Eine herausragende Rolle spielt das Bestreben, dem natürlichen Widersacher des Glaubens, eben der Vernunft, d. h. Ratio, Wissenschaft, Logik, zu Leibe zu rücken. Und zwar indem man ihre Begrenztheit herausstreicht, ihre Fehler und Irrtümer, ihr fehlendes Sensorium für das nicht Mess- und Zählbare, ihre Inkompetenz für die sogenannten letzten und Sinn-Fragen, ihre gewissermaßen angeborene Werteblindheit und natürlich die vielen weißen Flecken auf ihrem eigenen Terrain, dem Wissen.

Dabei erfolgen diese Hinweise sämtlich zu Recht. Vernunft und Wissenschaft können nicht alles, sie dürfen auch nicht alles, und die Liste ihrer großen und kleinen Missgriffe ist mehr als nur ellenlang.

Weil das so ist, sind allenthalben Ressentiments gegen Vernunft und Wissenschaft anzutreffen. Sie äußern sich etwa in der neunmalklugen Feststellung an die Adresse des Gottlosen, er glaube eben statt an Gott an die Wissenschaft – ein Satz, der verkennt, dass Wissenschaft keinen Glauben braucht, sondern Erkenntnis und eine faire Einschätzung ihrer Möglichkeiten. Beliebt ist auch dieser seltsame Gedankengang: Zwei Menschen liebten sich doch auch aus dem Gefühl heraus, ohne Messen und Rechnen und logisches Denken, und genau so legitim sei der Gottesglaube.

Gebildete Zeitgenossen wie Norbert Blüm, Bischof Wolfgang Huber oder der gegenwärtige Papst führen die anspruchsvollere und ausgewogen klingende Formel ins Feld, die Welt müsse sich gleichermaßen in Acht nehmen vor glaubensloser Vernunft und vor vernunftlosem Glauben.

Hier allerdings ist einmal mehr heftiger Widerspruch anzumelden. Gewiss, es gab und gibt Vertreter der Wissenschaft mit unsinnigen und maßlosen Vorstellungen von deren Leistungsfähigkeit. Das aber waren immer nur sehr vereinzelte Stimmen, mehr nicht. Und vor allem: In unserer Gegenwart voller Probleme und ungeklärter Fragen ist die ganz überwiegende Haltung eine ganz andere, geprägt von der Bescheidenheit lehrenden Erfahrung, dass jede Antwort neue Fragen nach sich zieht, dass wir unentwegt an Grenzen stoßen.

Dass reine Ratio Sinnfragen nicht zu beantworten vermag, trifft zu, rechtfertigt aber keinen Vorwurf. Und ich wüsste auch nicht, dass sie dergleichen beansprucht.

Der Glaube, dies nur nebenbei, hat die Wissenschaft über Jahrhunderte hinweg nicht nur gefördert, sondern eben auch behindert, sobald Gefahr drohte von unbequemen Erkenntnissen. Giordano Bruno und unzählige andere bezahlten die unziemliche Einmischung von Glaubensvertretern mit Leben oder Freiheit. Davon ganz abgesehen: Was könnte denn der Glaube beitragen, wenn die Vernunft sich daran macht, herauszufinden, was ist? Wo sind die verlässlichen Erkenntnisse des Glaubens, auf die ich ebenso bauen kann, wie wenn ich ein Flugzeug besteige oder mich einer Operation unterziehe?

Es muss ausgesprochen werden, dass es sich ganz anders verhält. In Wahrheit sind es Vertreter des Glaubens, die für sich die irgendwie qualifizierteren Einsichten in Anspruch nehmen. Die gottesdienstliche Formel „… welcher höher ist als alle Vernunft" klingt noch heute in meinen Ohren nach. Und wenn ich einschlägige Ratzinger-Texte lese („Im Christentum ist Aufklärung Religion geworden, nicht ihr Gegenspieler!"), dann weiß ich, dass hier der Vernunft alles wirklich kritische Potenzial abgezwackt und sie als Magd in demütigen Dienst genommen werden soll für die Selbstbehauptung des Religiösen.

Ich kann nicht anders, als den tieferen Zweck solcher Platzanweisungen für die Vernunft darin zu sehen, dass der Glaube sich jedenfalls in seinen Kernaussagen der Kontrolle und dem Einspruch der Vernunft entziehen können soll. Ist die kritische Vernunft realiter erst einmal fortgeschickt, ist Raum geschaffen für diese vagabundierende Religiosität und Spiritualität, der wir heute allenthalben begegnen und die sich jeder gedanklichen Anstrengung und Glaubhaftmachung entzieht. Und, lieber Herr Blüm, da lässt sich dann eben auch umso beschwingter fabulieren. Zum Beispiel davon, dass Gott selbst die Vernunft sei und insofern nicht unvernünftig sein kann – ein helles Licht, das natürlich mit abfällt auf Glaube und Gläubige.

So sehr ich verstehe, dass Gläubige ihrem Gott die erhabensten Attribute (Vernunft, Liebe, Macht, Weisheit, Güte, Freiheit) zuschreiben wollen und wohl auch müssen: Kritische Vernunft besteht darauf, dass für Aussagen über eine Wirklichkeit außerhalb des eigenen Bewusstseins Anhaltspunkte beizubringen sind. Sie sollten einer Erfahrung entwachsen sein, die eben gerade nicht nur im Selbstgespräch zu gewinnen ist, in der Versenkung oder allein aus einer ehrwürdigen Tradition. Sie sollten also nicht zirkulär sein, sondern nachvollziehbar und in sich widerspruchsfrei. Aussagen, die vorwiegend von gute Gefühle verschaffenden Beteuerungen leben („Ich glaube, weil ich bete", schrieb einst Karl Rahner), die immerfort Vertrauen einfordern und eine Vernunft für sich reklamieren, die zugleich irgendwie nicht von dieser Welt sein soll – solche Aussagen genügen dem nicht.

Was der Atheist will, ist etwas anderes. Im Bewusstsein, dass finale Beweise so oder so nicht zu haben sind, möchte er sich mit seinen Mitmenschen, gläubig oder nicht, darauf verständigen, dass Erfahrung und Vernunft auch auf dem weiten Felde der Religion zu ihrem Recht kommen. Denn diese beiden sind die Erkenntnisinstrumente des Menschen. Sie schließen Gefühl und sogar Intuition nicht aus, im Gegenteil. So ausgestattet, mit unseren Kenntnissen und Fähigkeiten, unter denen die Skepsis nicht die verächtlichste ist, sollten wir uns auf dieses Gelände begeben.

Also nicht so tun, als existierte es gar nicht, als sei es dem Menschen wesensfremd, unerheblich oder längst viel zu weit weg oder gar nur ein Spielplatz für Narren. Vielmehr sollten wir mit Kants Devise *Gebrauch machen vom eigenen Verstande* als Wegzehrung uns aufmachen – indem wir nüchtern und redlich abwägen und gewichten, was es abzuwägen und zu gewichten gibt.

Mit den freundlichsten Grüßen
Ihr Peter Henkel

10. April 2012

Lieber Peter Henkel!

Ihr Brief ist ein paar Tage später eingetroffen, als ich ihn erwartet hatte, und ich entdeckte zu meiner Überraschung, dass ich zwischenzeitlich schon unruhig geworden bin, weil ich ihn vermisste. Aus unserem Briefwechsel ist also schon eine Gewohnheit geworden, die ich entbehren werde, wenn sie zu Ende gegangen sein wird.

Ihr letzter Brief erscheint mir bereits als eine Form von Resümee. Mehr als eine „Zwischenbemerkung" im Streit um Gott werden wir wahrscheinlich nicht zustande bringen. Über die Gottesfrage haben sich die Menschen schon Jahrtausende vor uns (und sie werden es wahrscheinlich auch noch nach uns tun) den Kopf zerbrochen (und hin und wieder sogar eingeschlagen), ohne ein Schlusskommuniqué zu finden.

Wenn es gelingt, uns gegenseitig besser zu verstehen, Missverständnisse auszuräumen, den Streit einzugrenzen, um möglicherweise den Raum der Gemeinsamkeiten des humanen Theismus und seines Stiefbruders, des humanen Atheismus, zu erweitern, dann wäre ja schon viel für den Frieden auf der Welt gewonnen (vielleicht sogar für die Gerechtigkeit).

Zurück zu Ihrem letzten Brief und Ihrem „Zehn-Punkte-Katalog".

zu 1)

„Ein guter Baum kann nicht schlechte Früchte bringen" (Mt. 7,18). Diese Bauernweisheit kann nicht die ganze Natur, geschweige denn Gottes Unmöglichkeit erklären. Ein guter Baum kann zwar keine schlechten Früchte tragen. Aber er kann verkrüppeln und verkümmern. Nur Gott bleibt, der er ist. Er ist der unbewegte Beweger. Seine Geschöpfe jedoch sind auf Veränderung angelegt. Möglichkeit und Wirklichkeit klaffen auseinander. Wir können also unser Ziel verfehlen.

Die spezifisch menschliche Differenz – das unterscheidet uns von allen anderen Lebewesen – besteht darin, dass der Spalt zwischen Wirklichkeit und Möglichkeit nicht nur durch gegebene Umstände bedingt ist, sondern einem selbstgemachten Anteil entspringt. Dieser Anteil „Selbstgemachtes" macht unsere Freiheit aus. Den Grund unserer „Selbstverwirklichung" bestimmen wir *mit*. Das unterscheidet uns vom Baum und macht uns im Unterschied zu ihm zur Sünde fähig.

Unvollkommenheit ist ein Mangel an Vollkommenheit, also ein Minus, ebenso wie die Sünde. Freiheit ermöglicht Sünde. Die Freiheit ist die Bedingung dafür, dass Gottes gute Schöpfung schlechte Früchte bringen und ihre Wirklichkeit hinter ihren Möglichkeiten zurückbleiben kann. Die Unvollkommenheit der Schöpfung ist also kein Beweis gegen die Vollkommenheit des Schöpfers.

Dass der Schöpfung die Dynamik innewohnt, Möglichkeit und Wirklichkeit zur Übereinstimmung zu treiben und an einem Punkt Omega in Christus zu vereinen, ist eine verwegene Vision Teilhards de Chardin, deren Faszination mich nicht unberührt lässt. Zu den Glaubenswahrheiten meiner Kirche gehört sie allerdings nicht. Ihre Frage an die Urheber solcher und anderer metaphysischen Kühnheiten – „Aha, und wie kommen Sie darauf?" – beantworte ich mit der Gegenfrage: „Aha, und wie kommen Sie auf Ihre Ablehnung?"

zu 2)

Große Naturwissenschaftler sahen und sehen in der Schöpfung die Spuren eines Schöpfergottes. Viele der wissenschaftlichen Bahnbrecher waren große „Gottsucher". Selbst Albert

Einstein, kein Theist (?), wurde beim Anblick des Weltalls von einer „kosmischen Religiosität" ergriffen. „Gott würfelt nicht" war seine Antithese gegen die Quantentheorie. „Die Theorie liefert viel, aber dem Geheimnis des Alten (gemeint ist Gott) bringt sie uns doch nicht näher." Unabhängig davon, wie dieser Streit mit Max Born und Niels Bohr ausging, ist Ihre Behauptung, dass die „vermeintliche Schöpfung nichts aufweist ... was nicht anders verstanden werden könnte denn als Spur von oder zu einem solchen Schöpfergott verstanden werden müsste", gelinde gesagt, etwas voreilig.

Kant, der große Philosoph, den Sie nach eigener Angabe so schätzen, sprach fast hymnisch von seinen „himmlischen Erfahrungen": „Zwei Dinge erfüllen das Gemüt mit immer neuer und zunehmender Bewunderung und Ehrfurcht, je öfter und anhaltender sich das Nachdenken damit beschäftigt. Der bestirnte Himmel über mir und das moralische Gesetz in mir."

Kant hat zwar keinen Gottesbeweis aus der Betrachtung des Himmels gewonnen, sehr wohl aber eine Stütze des moralischen Gesetzes, das in seiner *Kritik der praktischen Vernunft* bekanntermaßen nicht ohne Gott auskommt.

zu 3)
Die metaphysische Größe des Menschen steht auf einem ganz anderen Blatt als die kosmische Physik. Deshalb ist Ihr Vergleich der Größe des Universums mit der kleinen Spezies Mensch ein Vergleich von Äpfeln mit Birnen.

zu 4)
Von verlässlichen Erklärungen der Entstehung der Welt ist die Naturwissenschaft noch weit entfernt. Bisher liefert sie dazu sogar gegensätzliche, nicht miteinander zu vereinbarende Theorien.

Davon abgesehen enthält der mythische biblische Schöpfungsbericht jedoch überraschende Analogien zu manchen gegenwärtigen Theorien über die Evolution der Erde und des Lebens auf ihr. Die Sechs-Tage-Schöpfungswoche folgt einem Schema, das der Abfolge der Evolution des Lebens entsprechen könnte. (Nicht nur, dass der Mensch dem Tier folgt, sondern auch innerhalb der Entwicklung der Tierarten deuten sich Parallelen an.)

Wie dem auch sei: Die Naturwissenschaft steht jedenfalls nicht vor ihrer Vollendung und offenbart auch keine letzten Wahrheiten! Die Naturwissenschaft liefert neben anderem auch eine Geschichte der Irrtümer, die keineswegs hinter denen der Religionen zurückgeblieben sind, sie bisweilen sogar noch übertreffen.

Naturwissenschaftlich kann die Frage nach dem Ganzen nie beantwortet werden. Die Naturwissenschaft scheitert schon bei der Frage nach der Ursache des Urknalls.

zu 5)
Keine der Weltreligionen „besitzt" die Wahrheit ganz. Gott ist immer größer. Das ist der Grund, aus dem ein sinnvoller, sich um Verständnis sich bemühender Dialog der Religionen schöpft – wobei von keiner Religion verlangt wird, ihren Glauben aufzugeben, sie sei Gott am nächsten gekommen.

Ich glaube nicht an Buddha, Vishnu, Allah, Konfuzius. Ich glaube an Jesus Christus. (Und suche mit großem Respekt in den anderen Religionen nach den „Gottesweisheiten", die sie enthalten.)

zu 6 und 7)
Die Offenbarung Gottes ist nicht einmalig und damit dann fertig. Sie vollzieht sich in der Geschichte. Mit der „Erleuchtung" ist es wie mit dem Licht: Es muss weite Strecken der

Dunkelheit durchdringen und verirrt sich bisweilen sogar in ihr. Das Licht mancher Sterne ist bis jetzt noch nicht auf der Erde angekommen. (Ganz so lange dauert es mit der Offenbarung nicht, obwohl sie ohne Lichtgeschwindigkeit auskommen muss.)

Offenbarung ist ein Prozess. Das monotheistische Gottesbild musste sich im Alten Testament z. B. aus dem Feld des mythischen Polytheismus seiner kulturellen Umwelt mühsam herausarbeiten. Es ist also eine immerwährende Aufgabe, Gottes Wort wie einen Kern aus den Schalen seiner Zeit zu lösen. Deshalb wird es Exegese – und Streit darum – geben, solange es Verkündigung gibt. Aus historisch-kulturellen Befangenheiten der Autoren der „Heiligen Schrift" zu schließen, dass sie keine Botschaften Gottes übermitteln, ist kein so zwingender Schluss, wie Sie meinen.

Die Sprache der Bibel ist durch einen hohen Überschuss an Gleichnissen und Metaphern gekennzeichnet, die den Geist ihrer Zeit atmen. Deshalb bedürfen wir einer besonderen Übersetzungskunst, die nicht nur Worte überträgt, sondern auch Sinngehalte. Gleichnisse und Metaphern spielen seit jeher in der Geschichte der Wahrheitssuche eine große Rolle. Immer wenn's schwierig wird, nimmt z. B. Platon Zuflucht zu Mythen und Bildern. Im Höhlengleichnis beschreibt er das Verhältnis der menschlichen Erkenntnis zu der Welt der Ideen: Wir sehen nur die Schatten der Wirklichkeit der Ideen. Im Mythos von dem einen, ungeschlechtlichen Menschen, der aufgrund des Neides der Götter klein gehalten werden sollte und deshalb in Mann und Frau gespalten wurde, erklärt Platon das Wesen der Liebe. Sie ist die Suche nach dem abgespaltenen Gegenstück. Glücklich, wer es findet.

Theorie ist aus platonischer Sicht in ihrer höchsten Vollendung eine Schau. Die biblische Schau ist die Summe vieler zeitgenössischer Erzählungen, aus denen der Glaube sein Extrakt zieht. Die Bibel ist auch ein Buch auf der Höhe großer Literatur. Ihr Thema ist die Gottesmitteilung.

Die „Nachrichten" des Neuen Testmentes sind im Übrigen unter historischen Gesichtspunkten erstaunlich homogen, wenn man bedenkt, dass die Evangelien vier Verfasser haben, die in unterschiedlichen Zeiten lebten. Der Kern ihrer Botschaft vom Leben Jesu ist bewundernswert konsistent und im Vergleich mit anderen Zeugnissen aus „alter Zeit" wenig variantenreich.

Das Leben Jesu war offenbar so eindrucksvoll, dass es auch in der Zeit, in der noch nichts über ihn aufgeschrieben worden und sein Leben nur vom „Hörensagen" bekannt war, in hohem Maße identisch erscheint. Das findet sein Abbild in der nachträglichen schriftlichen Berichterstattung.

zu 8)
Lieber Herr Henkel, mit der Frage der „Rechtfertigung Gottes" angesichts von Leid und Elend quäle ich mich wie viele Menschen. Andere Antwortversuche, als ich Ihnen geschrieben habe, fallen mir nicht ein. Ich quäle mich also weiter. (Die Theologie und der fromme Gottesglaube sind kein Erholungsheim.)

zu 9)
Dass religiöse Vorstellungen generell auf Wunsche und Ängste zurückgingen, wie Sie behaupten, ist die Reduzierung der Theologie auf Psychologie. Das widerspricht meinen Glaubenserfahrungen.

Wieviel Projektion und Verdrängung allerdings in den säkular-religiösen Weltbildern enthalten ist, darüber gibt die Ideologiekritik ausreichend Auskunft. Kapitalismus, Sozialismus und Rationalismus sind voller magischer Bestandteile. Selbst die Mathematik stammt aus jener Zone und erreicht sie schließlich wieder, wenn sie mit dem Unendlichen rechnet, in dem sich bekanntlich Parallelen vereinen (wenn das keine magische Vorstellung ist, ja, was dann?)

zu 10)
Das Gewissen ist ein kostbares Ding, das durch seinen inflationären Gebrauch leider allzu oft entwertet wird. Dennoch gibt es offenbar etwas, was Einspruch erhebt gegen elementaren Missbrauch der Menschlichkeit. Gegen Mord, Diebstahl, Lüge gibt es eine innere Stimme. Diese Gewissensstimme meldet sich in allen Kulturen und Religionen. Einen Gottesbeweis ziehe ich daraus noch nicht, zumal diese Stimme unzuverlässig ist und nicht immer laut wird. In Auschwitz war sie nicht zu hören.

Eine über die Gewissensfrage herausgehende Frage ist allerdings, ob der Glaube, dass jeder Mensch vor Gott Rechenschaft für sein Leben ablegen muss, die Moral und ihre Normen stützt. Diese Frage bejahe ich.

Der Glaube an die Menschwerdung Gottes ist eine Grundlegung der Idee von der Würde des Menschen. Im Sinne dieses Glaubens sind wir allesamt Gottes Verwandte. Eine höhere Auszeichnung des Menschen ist für mich nicht denkbar. In der Idee von der Würde des Menschen finden die Menschenrechte ihr Fundament.

Lieber Herr Henkel, ich habe sehr wohl bemerkt, dass Sie sich noch ganz nebenbei über meine Ausfälle über Ihr „hohes Ross“ etc. beschweren. Ja, nun lass es gut sein, Henkel. Ihre Briefe waren auch nicht von schlechten Eltern. Gott sei Dank, dass „Gott“ noch Funken schlägt und Leidenschaft entfacht.

Ein Brief ist keine Doktorarbeit, in der die Argumente sorgsam gepflegt und behutsam aneinandergereiht werden, um sodann sachte auf die Höhe einer respektablen Conclusio gehoben zu werden. Ein Brief ist ein Gespräch auf Papier. Im Wortwechsel wird es schon einmal laut und hitzig. Ja, Sie haben mich bisweilen gereizt. Sie müssen sich mich dann mit rotem Kopf zornig vor mich her schimpfend vorstellen. Warum eigentlich nicht? Gott ist nicht nur eine Sache für Betschwestern. Es muss gestritten werden. Wo gehobelt wird, da fallen Späne: Das ist zwar nicht biblisch, aber elementar-trivial-säkular.

Also, nichts für ungut, lieber Bruder Henkel. Wenn es zu hart war, räume ich Ihnen freiwillig noch nachträglich einen Strafstoß auf unserem Bolzplatz ein.

Herzliche Grüße
Ihr Norbert Blüm

Stuttgart, 1. Mai 2012

Verehrter Herr Dr. Blüm,

für Ihre Kommentare zu meinem Zehn-Punkte-Katalog danke ich Ihnen. Sie enthalten eine Menge Bedenkenswertes. Dennoch werden Sie nicht erstaunt sein, dass ich meine Einwände gegen den Glauben nicht entkräftet sehe. Ins Detail will ich aber nicht gehen, sondern die Beurteilung dem Leser überlassen. Nur einen Hinweis kann ich mir nicht verkneifen: den auf die sehr unterschiedlichen Herangehensweisen. Wenn ich religiösen Konstrukten, zumal derart halsbrecherischen wie denen des Teilhard de Chardin, die *Aha. Und wie kommen Sie darauf?*-Frage entgegensetze, dann kontern Sie mit der Gegenfrage, woher ich denn meinerseits das Nein nehme. So wird nicht nur die Reihenfolge bei der Begründungspflicht auf den Kopf gestellt; sondern es gibt gewissermaßen Freifahrtscheine und Freibier für alle.

„Der da sagt, dass ein Gott sei, sagt mehr, als er weiß, und der das Gegenteil sagt, desgleichen." Immanuel Kants Merksatz ist richtig, leider aber auch eine Binsenweisheit, und zwar eine mit fatalen Folgen. Denn sie bringt, natürlich ungewollt von seinem Urheber, das süße Gift der Denkfaulheit unter die Leute. Denn wenn bei der Sache mit Gott Wissen so oder so nicht zu haben ist, wenn obendrein der spekulative Überschuss hingestellt wird als da wie dort etwa gleich groß, dann kommt halt alles auf die eigene persönliche Entscheidung an, heißt es: Ja oder Nein eben – und damit basta.

Die Gottlosen halten dagegen: Und das gute Argument, das soll hier auf einmal nichts zählen? Und wo sind die guten Argumente der Religion, die für die Wahrheit des Glaubens zeugen und nicht bloß von seinem vielfältigen Nutzwert, also von der seelischen Erhebung beim Betrachten des Sternenhimmels bis zum Hoffnungsfunken auf dem Sterbebett?

Mit ihrem sturen Beharren auf dem Wert des Arguments, das das Wahrscheinliche zu scheiden hilft vom Unwahrscheinlichen, bleiben die Gottlosen eine kleine radikale Minderheit. Denn: Unsere Welt ist erfüllt vom Glaubensdrang, wie eh und je.

Ihm erliegen auch noch im 21. Jahrhundert grob geschätzt wohl mehr als neun Zehntel der Erdbevölkerung. Wenn es nicht eine der fünf sogenannten Weltreligionen ist, der die Menschen anhängen, dann klammern sie sich an andere Konstrukte: Phantastereien von Geistern und Dämonen, von der Macht der Fetische, der Riten oder der Sterne. Ihnen allen, den großen Weltreligionen ebenso wie jenen Modellen, die gemeinhin als *Aberglaube* von ihnen abgegrenzt werden, ist die These gemeinsam, es existiere jenseits der erfahrbaren Welt eine ganz andere, eine rätselhaft-geheimnisvolle: das Reich des Übernatürlichen. Ihm entstammen sie alle: Zeus und Wotan, Jahwe und Allah, Schutz- und Erzengel, Kriegs- und Wettergott, Gottmenschen wie Jesus und Krishna, und der Fluch der Ahnen nicht anders als die Weissagung aus den Eingeweiden toten Getiers.

Zwischen christlichem Theismus und Atheismus gibt es keine Schnittmengen, jedenfalls nicht in der zentralen Frage eines den Menschen zugewandten Schöpferwesens. Auch im engeren Umfeld dieses ewigen Menschheitsthemas ist Verbindendes kaum aufzutreiben. So etwa beim heiklen Verhältnis zwischen Vernunft und Glaube. Mit Unterstützung von Kirche und Theologie will der Glaube die unvermeidlichen Leerstellen im wissenschaftlichen Weltbild wie selbstverständlich füllen durch angeblichen Einblick in jenseitige Sphären. Gern wird dieser Anspruch in die Formel gekleidet, der Glaube sei zuständig für das *Wozu* des Kosmos, die Wissenschaft für das *Wie* und *Warum* seiner natürlichen Abläufe. Da haben wir es mit einer grotesken religiösen Selbstüberschätzung zu tun, die den elementaren Unterschied nicht wahrhaben will zwischen Spekulieren und Eruieren. Ihr fehlt die Einsicht, dass der Glaube, im Kern ein hoffendes Gottvertrauen, zu belastbaren ureigenen *Erkenntnissen* außerstande ist. Die Wissenschaft und ihre Resultate hingegen bewähren sich in jedem Augenblick zigfach auf diesem Planeten im Praxistest, und neue kommen ständig hinzu. Dass der Glaube dergleichen nicht vorweisen kann, liegt in seiner Natur, es ist sein unverschuldetes Manko. Und gewiss muss er schon deswegen nicht *falsch* sein. Aber ebenso wenig öffnet sein Unvermögen, gewissermaßen niedere Erkenntnisse beizubringen, schon deswegen die Pforte zu angeblichen höheren.

Indessen ist Harmonie zwischen Vernunft und Glaube die Perspektive des Mainstreams, nicht zuletzt wegen seiner ehrfurchtgebietenden Tradition. „Religion und Naturwissenschaft ergänzen und bedingen einander … Für den gläubigen Menschen steht Gott am Anfang, für den Wissenschaftler am Ende aller Überlegungen" – das schrieb Max Planck vor hundert Jahren. Ganz ähnlich der gegenwärtige Papst mit seinem Diktum, Vernunft und Glaube seien „zu gegenseitiger Reinigung und Heilung berufen" und brauchten sich gegenseitig. Sofern sich hinter solchen Behauptungen, denen Sie, lieber Herr Blüm, sich ja anschließen, mehr verbirgt als die immer richtige Mahnung an beide Lager, gefälligst auf dem Teppich zu bleiben, führen sie in die Irre. Denn solche Aussagen wollen nicht wahrhaben, dass es bei der Betrachtung der Wirklichkeit ganz vorrangig auf Fakten ankommt und auf das schon erwähnte gute, das *vernünftige* Argument und dass der Glaube sich mitnichten in annähernd gleicher

Weise auf diese beiden stützen und berufen kann wie die Vernunft.

Zudem wird aus der proklamierten Augenhöhe nur allzu oft und unter der Hand rasch eine Diskreditierung von Vernunft und Wissenschaft; *bloß rational* heißt dann das Schimpfwort. Auch in diesem Buch sollte ein Satz wie „Die Naturwissenschaft scheitert schon bei der Frage nach der Ursache des Urknalls" (Norbert Blüm) Geländegewinne erzielen für den Glauben. Nur: Der weiß das erst recht nicht. Und ganz gewiss wird nicht er es sein, der hier Aufschluss liefert, sondern, wenn überhaupt, allein die Wissenschaft. Sie war es nämlich auch, die das Urknall-Ereignis erst dingfest gemacht hat – und es damit dem Glauben ermöglicht, so beherzt darüber zu fabulieren und über die von Gott damit verfolgten Absichten.

Ohnehin ist es abwegig, der noch so jungen Wissenschaft neuzeitlichen Typs die vielen noch ungeklärten Fragen anzukreiden. Weitaus angemessener wäre es, ihr Lob zu zollen für die vielen geklärten.

Der Glaube sollte Vernunft und Wissenschaft nicht vorwerfen, was alles sie heute nicht weiß und kann und vielleicht nie wissen und können wird. Und: Vernünftige Vernunft reklamiert nicht für sich, irgendwann auf alles eine Antwort zu haben – schon gar nicht auf die berühmten letzten Fragen. Aber: Das Glashaus, in dem der Glaube sitzt, liegt längst in tausend Scherben. Nur bemerkt er es nicht.

Und doch gibt es Gemeinsames: zwar nicht zwischen den unvereinbaren Positionen, sehr wohl aber zwischen ihren Anhängern. Gering geschätzt werden sollte das nicht, auch nicht zerredet in einem Klima wechselseitiger Feindseligkeit. Die Chance zum Bauen und Begehen von Brücken beginnt schon beim beiderseitigen Interesse an der religiösen Thematik. Hier immerhin treffen sich die Kontrahenten in einer Welt, die für dergleichen ganz überwiegend keine Zeit hat oder zumindest kaum Neigung zu ernsthafter Befassung zu empfinden scheint. Insofern sind Gläubige wie Gottesleugner Bündnispartner in dem Bestreben, ein Gespür für den Rang ihres Nachdenkens wachzuhalten. Denn wenn es immer mehr zum guten Ton gehört, sich zu mokieren über jene vermeintlich Weltfremden, wenn immer mehr Menschen solches Nachdenken verlernen, ja sogar es verachten lernen, wenn auch das Faktenwissen über das Kulturgut Religion immer mehr verschwindet – dann muss das mit Sorge erfüllen, und dann wird die Welt gewiss nicht reicher, sondern ärmer. In diesem Sinne ist Habermas beizupflichten mit seiner Mahnung, die Potenziale von Religion nicht brachliegen zu lassen. Denn bei aller und noch so scharfer inhaltlichen Kritik des Atheismus an religiösen Lehren im Allgemeinen und speziell dem christlich geprägten Gottesglauben ist mit Habermas einzuräumen: Mit der Religion ginge Mensch und Kultur auch eine Tiefendimension verloren. Die aber notabene nicht etwa erst in der Bejahung erreicht wird, im Sicheinlassen auf diesen fiktiven Gott, sondern schon im Ernstnehmen der Fragen, vor die der Glaube uns stellt.

Auch sonst hat ein selbstbewusster Atheismus kein Problem damit, das Positive von und an Religion anzuerkennen. Weil sie eben nur ein Ausschnitt, wenngleich ein fürchterlicher Ausschnitt aus der Wirklichkeit sind, deshalb beschränkt er sich eben nicht darauf, die lange Liste des Versagens, der Verbrechen und der Akte der Fortschrittsfeindlichkeit herunterzubeten, die ihre Funktionäre und Gefolgsleute zu verantworten haben. Unsere abendländische Religion ist im Blick auf den besseren Teil ihrer Wirkungsgeschichte zweifellos der Musterfall eines *produktiven Irrtums*. So zählt beispielsweise zur komplexen Historie eines am Neuen Testament orientierten Christentums in diesen zwei Jahrtausenden auch, dass Kirche und Klöster einen immensen Beitrag zu Bildung und Wissenschaft leisteten; parallele Behinderung und Unterdrückung von freiem Denken und Forschen ändern daran nichts. Die unübersehbare Vielzahl von Kunst- und Kulturgütern, die die Hände Gläubiger aus dem Geiste des Glaubens erschufen, bleibt höchst beeindruckend – und dies auch dann, wenn zeitgleich herrschendes Massenelend mehr als nur einen Schatten auf die schönen Schätze wirft. Der Scharfsinn, den Theologie und christlich inspirierte Philosophie im Laufe der Jahrhunderte aufwandten und fruchtbar werden ließen auch für ganz anders geartetes Denken, sucht menschheitsgeschichtlich seinesgleichen – trotz, neben anderem, des Hangs zu steinernen Dogmen und verstiegener Akrobatik. Und wenn heutige Ethik oder staatliche Bekenntnisse zu Menschenrechten und Pluralismus immer wieder auf christliches Erbe zurückgeführt werden, auf die Bergpredigt oder die Zehn Gebote, dann ist das zwar schon deshalb schönfärberisch, weil solche Errungenschaften gegen die Kirche erkämpft werden mussten. Und doch haben breite Strömungen im Christentum sie sich längst zu eigen gemacht, so dass zumindest sie nach dem Purgatorium der Aufklärung auf verschlungenen Wegen mit zu den *Stützen der Moderne* zu zählen sind.

Jenen Männern und Frauen, die bewusst in der Nachfolge des Religionsgründers im Kleinen wie im Großen für ihre Mitmenschen eintraten, die diesem Dienst am Nächsten sogar ihr Leben weihten und nicht selten opferten, gilt unser aller Respekt und unsere Bewunderung. Mit der Bitte um Nachsicht für den kleinen Seitenhieb: Das ethische Niveau unzähliger Christen, die das Gebot der Nächstenliebe immer wieder selbstlos umsetzen in praktisches Tun, übersteigt dasjenige von sehr weiten Teilen der Heiligen Schrift um ein Vielfaches …

Christen und realistische Atheisten eint ferner die Überzeugung, der Glaube werde in überschaubarer Zeit nicht einfach verschwinden. Alle, die Gott mit Nietzsche totsagen, haben sich schon bisher mächtig geirrt. Die Bedeutung der Amtskirchen geht zwar bekanntlich zurück, ist aber immer noch immens. Und es ist oberflächlich, von den vielfältigen Problemen der Kirchen auf eine durchweg dramatisch nachlassende Anziehungskraft ihrer wesentlichen Botschaft zu schließen. Umfragen geben jedenfalls nichts her für den Befund, die bundesdeutsche Gegenwart erschöpfe sich im Säkularen. Spirituelle Bedürfnisse, Sinnsuche, das Verlangen nach jenseitigen Erklärungen und diesseitigen Ruheräumen sind nach wie vor höchst lebendig, und dass anno 2012 an der Spitze der Republik eine ganze Riege bekennender Gläubiger steht, ist keineswegs bloß anekdotisch-belanglos.

Wohl am leichtesten sind Allianzen zwischen gläubigen und ungläubigen Zeitgenossen herzustellen, wenn es ums Praktisch-Ethische geht. Wenn es etwa jenen Kräften zu wehren gilt, die nach der Devise *Jeder ist seines Glückes Schmied* Sozialabbau betreiben, also zum Beispiel ganz „unchristlich" vergessen oder unterschlagen, dass Kürzungen und Sanktionen am härtesten die unschuldigen Kinder scheiternder Eltern treffen. Oder beim Ausländerthema: Da können und sollen Christen Seite an Seite mit den Vertretern eines säkularen Humanismus Politik und Öffentlichkeit an die Präambel des Grundgesetzes erinnern. Bestärkt vom folgenden Gottesbezug, proklamiert sie die Unantastbarkeit der Menschenwürde; davon, dass der Schwabe eine solche besitzt und die asylsuchende Ghanaerin nicht, steht da nichts. „Alle Menschen werden Brüder" – Beethovens so fern-unerreichbare Utopie muss Leitstern sein und bleiben für Christen und Humanisten gleichermaßen.

Kein prophetisches Talent gehört zu der Vermutung, dass ein sendungsbewusster Islam in den nächsten Jahrzehnten die religiös eher sedierten Westeuropäer noch öfter aufschrecken wird, auch ohne Gewaltanwendung. Christen in politischer Verantwortung werden dann hoffentlich behutsam, aber mit einiger Entschiedenheit das ihnen Mögliche dazu beitragen, dass die rückständigsten, unaufgeklärtesten, fanatischsten Seiten des Islam allmählich eingedämmt werden oder zumindest am Ende nicht triumphieren. Auch dabei können sie sich der Unterstützung von Atheisten sicher sein. Hinzugefügt sei allerdings: Wenn Christen bei den unvermeidlichen Auseinandersetzungen mit dem oft sehr zu Recht als befremdlich empfundenen Glauben der Muslime gelegentlich in den Spiegel schauen, dann soll es dem gottlosen Mitbürger mehr als nur recht sein. Denn lebhaft begrüßt er jeden Impuls und jeden Appell, in Glaubensdingen nicht einfach nur Traditionen unkritisch fortzuschreiben oder sich blindlings vermeintlichen Autoritäten zu unterwerfen.

Freilich wird jener Beitrag der Ketzer und Neinsager kein entscheidender sein. Nach Zahl und Einfluss sind die gläubigen Mitmenschen ihnen haushoch überlegen, und zwar, um dies zum guten Schluss erneut ausdrücklich hervorzuheben, nicht von ungefähr. Schließlich haben sie reichlich zu bieten, während wir Gottlosen mit nahezu leeren Händen dastehen. Wir leben im Bewusstsein des Verzichts: auf transzendente Romantik, auf grundloses Konstruieren von religiösen Illusionen, die einer Fülle sehr triftiger Einwände ausgesetzt sind, auf den Glauben an Bonhoeffers *gute Mächte*, von denen Unzählige eben nicht *wunderbar geborgen* waren. Und es nehme niemand an, dass Gottlose dieses Bewusstsein und diesen Verzicht als beglückend empfinden; nur meinen sie sich beides schuldig zu sein, genötigt von nüchterner Redlichkeit.

Ein Letztes: Es geht um eine Art Geständnis, das während der Arbeit an diesem Buch herangereift ist – und den Autor selbst fast so sehr überrascht hat, wie es den Leser überraschen wird. Es soll hier aber mit jenem Freimut abgelegt werden, dem sich dieses seltsame Projekt von Anfang an verschrieben hat. Die Rede ist von der mehrfach bekräftigten Überzeugung, eine christlich geprägte Gesellschaft wie die unsere habe sich um der Klarheit und Wahrheit willen weit öfter als bisher den Dialog zwischen Glaube und Unglaube zuzumuten. Sagen wir es so: Einerseits bleibt es objektiv ein Versäumnis, eine Fehlleistung unserer Gesellschaft, dass sie sich so wenig bereit und in der Lage zeigt, ihre religiösen Wurzeln in kritischer Kontroverse zu reflektieren. Andererseits spürte ich in den letzten Monaten allmählich heranschleichende Zweifel. Sie haben mit einer wachsenden Skepsis zu tun: Wie gewappnet ist unsere Gesellschaft tatsächlich für eine solche Diskussion, was käme heraus, wenn sie sich auf eine solche Selbstprüfung einließe, und dies auch noch tendenziell ergebnisoffen? Zwar sind wir es gewohnt, uns gegenseitig unsere Toleranz in Glaubensdingen zu beteuern. Aber wie schnell wäre es mit ihr und dem Respekt gegenüber dem Andersdenkenden vorbei, wenn allenthalben die Gretchenfrage gestellt und erörtert und mit volltönenden Bekenntnissen quittiert würde? Wie schnell würden die Lücken in Sachen Wissen und Bildung auf diesem Feld ausgefüllt durch rigorose Parteinahme, so wie das auch in anderen Zusammenhängen schon so oft geschah?

Das Unheil begänne schon mit einem winzigen Segment aus der Bevölkerung – es bestünde gleichwohl aus Hunderttausenden Individuen –, das mit einer solchen Debatte und der Forderung, sie in sozialverträglichen Formen zu bestreiten, womöglich heillos überfordert wäre. Zu viele Emotionen sind da vielleicht im Spiel, zu viel hitzige Leidenschaft und viel zu viele Ängste. Gewiss muss man nicht gleich die Glaubenskriege vergangener Jahrhunderte heraufbeschwören, mit ihren vielen Millionen Opfern und all den materiellen und geistigen Verwüstungen mitten im christlichen Europa. Aber Klugheit und Verantwortung gebieten, die derzeit schlafenden Löwen des Fanatismus in Glaubensdingen nicht ohne Not zu wecken. Der globale Vormarsch von Fundamentalisten vermittelt schon heute eine Ahnung davon, welche Kräfte ein Aufeinanderprallen von Freund und Feind freisetzen könnte.

Die Geschichte lehrt, wie dünn der Firnis ist, auf dem sich die zivilisierte Welt bewegt, und wie oft der alte Adam ihn schon durchbrochen hat. Fazit: Der gutgemeinte Ruf nach einer Debatte, der viele gewiss problemlos gewachsen wären und manche nicht, könnte im Erfolgsfall höchst unerwünschte Folgen haben.

Eine, zugegeben, wenig optimistische Diagnose.

Prinzipiell betrifft sie, um eine letzte Gemeinsamkeit hervorzuheben, ganz gewiss nicht nur die Gläubigen.

Ihnen, verehrter Wanderfreund, wünsche ich persönlich alles Gute. Und natürlich allen jenen, die uns bis hierher gefolgt sind auf unseren krummen, steilen, steinigen Pfaden.

Ihr
Peter Henkel

7. Mai 2012

Lieber Peter Henkel!

Unser Briefverkehr mündet in einen Kreisverkehr. Sie reklamieren das „gute Argument“ für die Gottlosen. Ich widerspreche mit dem Hinweis, dass Ihre „guten Argumente“ keine Antwort enthalten auf die Frage nach der Herkunft der Welt. Ist sie eine Geburt des Nichts? Nichts schafft nix. Sie reservieren das „Eruieren“ für sich und Ihresgleichen und überlassen das „Spekulieren“ mir und meinesgleichen. Dabei übersehen Sie, dass die von Ihnen gepriesene eruierende Wissenschaft zu einem großen Teil auf Spekulationen beruht, die, als Hypothesen in die Welt gesetzt, nur bis auf Weiteres gelten. Das wissenschaftliche „Weitere“ ist die fortgesetzte Korrektur des „letzten Standes“ der Wissenschaft.

Sie sehen, unser Argumentenaustausch gerät in eine Endlosschleife. Ich suche den Ausweg. Im theologischen Himmel ist offensichtlich kein Platz für uns beide. Aber wir beide leben zusammen auf der Erde. Wie kommen wir hier unten zusammen zurecht? Was können wir miteinander füreinander tun?

Ich beginne mit einem Erlebnis, das die Brücke vom Jenseits ins Diesseits und zurück schlägt. Es ist mein vorerst letzter Versuch, Ihnen meine Vorstellung von der Bedeutung Gottes für unser Zusammenleben in der Welt verständlich zu machen.

Viele Jahre ist es her, da saß ich dem chilenischen Präsidenten Pinochet gegenüber. Er war auf einen amtlichen Höflichkeitsbesuch gefasst. Ich sollte als Arbeitsminister in Chile Auslandsrentenprobleme regeln. Doch ich hatte noch anderes vor.

Gleich nach einem freundlichen Händedruck eröffnete ich die Unfreundlichkeiten: „Herr Präsident, Sie lassen foltern." Man muss dazu wissen: Ein Frontalangriff gelingt nur in den ersten Minuten. Wer sich auf übliche konventionelle Freundlichkeiten einlässt, wie etwa: Wie war die Reise? Haben Sie Ihre Ziele erreicht? etc., der ist verloren und bekommt nie mehr die Kurve zu einer Hauptsache, die unvermeidlich mit Unfreundlichkeit verbunden ist. Man muss also mit der Tür ins Haus fallen, oder man kommt niemals hinein. Mein verbaler Überfall gelang. Ich war im Haus.

Pinochet versuchte zunächst durch gespieltes Nichtverstehen wieder das sichere Ufer der gewohnten, nichtssagenden Konversation zu erreichen. Ich aber blieb hartnäckig frech und hatte Glück. Pinochet entschied sich, die Herausforderung anzunehmen, und wurde grob. Woher ich das alles wissen wolle? Aber er hatte sich verrechnet. Ich war gut vorbereitet. Meine Vorwürfe hatte ich nicht aus zweiter Hand. Carmen Gloria Quintana hatte ich im Krankenhaus besucht. Sie war nur noch ein in Verbände gewickeltes Knochengeripppe. Die zwei schwarzen Augen, die aus einem Schlitz des bandagierten Gesichts lugten, ließen ahnen, welch schönes Mädchen sie gewesen sein musste. Pinochets Schergen hatten sie nach einer verbotenen Demonstration mit Benzin überschüttet und „abgefackelt".

„Sie hat sich selbst angezündet", zischte die Schlange.

„So, Herr Präsident, dann müssen Sie auch noch erklären, wieso sie fünfzehn Kilometer von Santiago entfernt in einem Chausseegraben aufgefunden worden ist." Ihre Soldaten hatten sie auf einem Acker vom Laster „abgekippt". Sie hatte sich mit letzter Kraft an den Straßenrand gerobbt, ihr Freund ebenso. Der Freund starb. Carmen wurde gerettet.

Der Streit schien Pinochet plötzlich irgendwie zu gefallen – vielleicht weil es mal „was anderes" war als die üblichen langweiligen Höflichkeitsbesuche. Mal schrie er, mal mimte er die Hoheit. Dann kamen wir zu den siebzehn zum Tode verurteilten „Terroristen“. „Sie haben sie gefoltert!“

„Sie sind Kommunisten.“

„Na und?“

Pinochet stotterte sich über die Peinlichkeit hinweg, dass er offenbar vergessen hatte, dass auch Kommunisten Menschen sind.

„Sie sind gefoltert worden, damit sind alle Ihre Beweise hinfällig“, wiederholte ich penetrant.

Ich wusste, wovon ich sprach. Ich hatte (zum Ärger des Botschafters) in der deutschen Botschaft mit den Angehörigen der zum Tode Verurteilten gesprochen. Auf dem nackten Rücken ihres Babys, das der Mutter auf den blanken Bauch gelegt worden war, hatten die Verhöroffiziere glühende Zigarettenkippen ausgedrückt, bis die Zeugin sprach.

Schon bei der zweiten Frage habe sie alles zugegeben, was die Folterknechte hören wollten.

Unser Streit wurde schriller, dann wurde Pinochet plötzlich ruhig und feierlich. Er deutete auf ein großes Kreuz, das hinter ihm an der Wand hing, und sagte triumphierend: „Vor dem bete ich jeden Tag“, und dazu machte er ein Gesicht, als wollte er sagen: „Nun, was sagst du dazu?“

Ich sagte ebenso ruhig:

„Herr Präsident, das wird Ihnen auch nichts nützen. Der, vor dem Sie beten, kennt nämlich jeden, den Sie haben umbringen lassen, mit Namen, Ort und Uhrzeit, und er wird Sie nach jedem fragen: Was hast du dem Geringsten meiner Brüder und Schwestern angetan? Keine Präsidentenschärpe wird Ihnen die Antwort ersparen.“

Der Präsident sagte gar nichts. Für einen winzigen Augenblick hatte ich den Eindruck, dass er traurig war (und dass sogar ein Funken Angst aus seinen Augen blitzte). Er erhob sich und ging mit mir zur Tür, wortlos, zum Schreien reichte es nicht mehr. Er sagte leise: „Ausgerechnet Ihr Deutschen: Auschwitz." Ich gab ihm die Hand und sagte ebenso leise: „Gerade deshalb, Herr Präsident."

Herr Henkel, selbst wenn Sie nicht an Gott glauben und zu Recht die Verbrechen und das Versagen der Kirche anklagen, sollten Sie doch nicht die machterschütternde Glaubensgewissheit unterschätzen, dass jeder – ob mächtig oder machtlos, reich oder arm, klug oder dumm – vor Gott Rechenschaft über sein Leben ablegen muss. Auch wenn Sie diesen Glauben nicht teilen, können Sie doch nicht verkennen, dass er die Welt verändert hat und jede Herrschaft relativiert.

Meine Pinochet-Story ist nur eine biografische Episode in einem größeren religionsgeschichtlichen Szenario. Wenn der niedergedrückte mittelalterliche Leibeigene in der sonntäglichen Messfeier die Augen zur Apsis seines Gotteshauses erhob, sah er dort den Weltenrichter und vor seinem Thron gebeugt Kaiser und Papst, die ängstlich das Urteil über ihr Leben erwarteten. Da begriff der arme Mann, dass niemand dem Gericht Gottes entgeht, auch nicht die Mächtigen, vor denen er ein Leben lang zitterte. Michelangelo malte an die Wand der Sixtinischen Kapelle sogar den Papst unter den Verdammten des Jüngsten Gerichts. Die christliche Botschaft ist eine antiautoritäre Nachricht.

Das letzte Wort haben nicht die Mächtigen.

Könnte es das gewesen sein, was Nell-Breuning meinte, als er von der kleinen (fingernagelgroßen) zeitlosen Wahrheit sprach, die den Kern der christlichen Soziallehre ausmache: „Verantwortung vor Gott für die anderen"?

Verantwortung vor Gott und für andere – die Geringsten – ist, wie ich zugebe, nicht das einzige Motiv im Kampf für eine gerechtere Welt. Aber sie ist ein Stärkungsmittel der Gerechtigkeit. Und für Gerechtigkeit kämpfen Ungläubige wie Gläubige.

Mit Erschrecken ist mir Ihr freimütiges Geständnis am Ende Ihres letzten Briefes in die Knochen gefahren, in dem Sie Zweifel am Sinn des Dialogs zwischen Glaube und Unglaube anmelden. Sie fürchten um die Tragfähigkeit der vielbeschworenen Toleranz, „wenn allenthalben die Gretchenfrage gestellt und erörtert und mit volltönenden Bekenntnissen quittiert würde“. Den „derzeit schlafenden Löwen des religiösen Fanatismus nicht ohne Not zu wecken“, ist Ihre (ver-)zweifelnde Furcht. Lieber Herr Henkel, den Löwen des Fanatismus – um im Bild zu bleiben – zähmt man nicht, wenn er schläft. Ihn mit Vernunft und Mut zu bändigen, ist unsere einzige Chance. Sonst könnte es ein böses Erwachen geben. Konfliktverdrängung war noch nie ein geeignetes Mittel der Konfliktlösung. Das wusste schon Sigmund Freud.

Mit aufklärerischem Optimismus vertraue ich auf die friedensstiftenden Elemente der Vernunft. Was bleibt uns anderes übrig: Solange miteinander geredet wird, wird nicht aufeinander geschossen. Das ist die triviale Version der Utopie vom herrschaftsfreien Diskurs einer kommunikativen Vernunft, mit der wir eine friedliche Welt anstelle der Exzesse der Gewalt einzurichten versuchen.

Unser Hin- und Herschreiben geht zu Ende. Es wäre doch peinlich, wenn außer viel Worten nichts gewesen wäre und wir zu guter Letzt mit leeren Händen dastünden.

Deshalb biete ich Ihnen zum Finale unseres hitzigen Briefverkehrs auch noch eine Überraschung an: meine Konversion zum Atheismus.

Allerdings vollzieht sich mein Wechsel zur Gottlosigkeit nur teilweise. Ich bin sozusagen nur Teilzeitkonvertit.

Ich glaube nicht an den Gott Mammon, den allein selig machenden Gott des Finanzkapitalismus. Ich widerstehe und widerspreche Mammon und all seinen Taten. Ansonsten bleibt es, wie es war: „Die können in Rom machen, was sie wollen. Ich bleibe katholisch." Das ist und bleibt mein rheinisches Taufgelöbnis.

Mammon ist mächtig. Unter der Maske des Finanzkapitalismus ergreift er sogar Besitz vom Menschen. Selbst unsere besten Fähigkeiten, die uns Menschen von den Tieren unterscheiden, nämlich vernünftig zu denken und selbstlos zu lieben, verwandelt er in Geldgrößen. „Vernunft ist Rechnen" war das Programm von Thomas Hobbes, der den Menschen zum Wolf des Menschen erklärte („homo homini lupus"), und „Vorteilsmaximierung" ist der Schlüssel zum Verständnis allen menschlichen Verhaltens, erklärte Gary S. Becker, der neoliberale Vorreiter, und der erhielt dafür, man glaubt es kaum, sogar noch den Nobelpreis. Somit sollen auch Denken und Liebe Vorteilssuche sein. Basta!

Es wäre doch viel gewonnen, wenn wir jenseits unseres theologischen Streites über Gott wenigstens im Diesseits gemeinsame Sache machen könnten, nämlich für die Würde des Menschen und gegen seine „Verwirtschaftung". Die Degradierung des homo sapiens zum *homo oeconomicus* ist eine Sünde wider den Geist des Humanismus, den wir gemeinsam verteidigen. Der Mensch ist wichtiger als das Geld.

Gemeinsamkeit ist möglich und nötig im Kampf für die elementaren Menschenrechte.

Ohne dass einer von uns beiden zum anderen überläuft, können wir uns doch verständigen über so glasklare Verteidigungslinien wie: Folter tut jedem weh.

Hunger ist eine völlig glaubensunabhängige Qual. Seinen Kopf gebrauchen, eigene Gedanken anstellen, den Mund aufmachen für das, was die eigene Meinung ist – das will jeder Mensch, der etwas auf sich hält.

Das Recht auf Leben, die Unantastbarkeit der Person, die Meinungs- und Religionsfreiheit sind fundamentale Menschenrechte.

Als Drittes kommt eine alte Regel hinzu, die nie veraltet: „Was du nicht willst, dass man dir tu', das füg' auch keinem andern zu." Diese goldene Regel galt auch schon vor zweieinhalb Jahrtausenden für Konfuzius. Kant hob sie im „kategorischen Imperativ" auf die philosophische Höhe einer verallgemeinerungsfähigen Maxime. Jesus fügte der goldenen Regel die Wendung ins Positive hinzu: „Liebe deinen Nächsten wie dich selbst." Damit galt die Regel nicht nur negativ, zur Schadensabwehr, sondern forderte positiv zum Guttun auf. Jesus forderte allerdings Nächstenliebe nur in dem Maße, wie es der Selbstliebe entspricht (... wie dich selbst). Selbstlosigkeit als moralische Höchstleistung wird also nach christlicher Überzeugung zur Einrichtung einer menschlichen Gesellschaft nicht verlangt. Das macht Kompromisse leichter, auch die zwischen unterschiedlichen Weltanschauungen, und auch zwischen uns beiden. Die Gesellschaft ist kein Orden von Heiligen. (Selbst real bestehende Orden setzen sich ausweislich ihrer Geschichte auch nicht aus lauter Heiligen zusammen.)

Die Grundwahrheiten von der Würde des Menschen sind für Gläubige und Ungläubige einsichtig. Schließlich gibt es so etwas wie einen „gesunden Menschenverstand" und ein „angeborenes Gerechtigkeitsempfinden". Ein „Weltethos", gespeist aus Grundeinsichten des humanen Lebens, für das Hans Küng und andere arbeiten, ist keine irreale Utopie, sondern eine globale, reale Überlebensbedingung. Dass vier Fünftel der Menschheit von einem Fünftel der Erdengüter leben und ein Fünftel von vier Fünfteln, kann nicht gerecht sein. Dazu brauche ich kein Studium der Theologie, um zu wissen, dass dieses Unrecht zum Himmel schreit. 30.000 Kinder „verrecken" Tag für Tag, weil sie nicht genug zu essen haben. Es bedarf keiner spitzfindigen Begründung, um dagegen zu Felde zu ziehen. Was soll in diesem Feldzug Gläubige und Ungläubige trennen?

Mammon ist ein finsterer Klassenkämpfer. Er segnet die Ausbeutung ab. Diesen „allmächtigen" Mammon können wir nur gemeinsam besiegen. Und ein Bündnis von „humanistischen Atheisten" und „gläubigen Humanisten" wäre im Kampf für die Würde des Menschen eine fast unüberwindbare Phalanx.

Ich habe Ihre Briefe, lieber Peter Henkel, auch verstanden als ein Notruf, sich nicht mit der Welt zufriedenzugeben, wie sie ist. Die Befürchtung, dass man sich mit der Hoffnung auf jenseitiges Heil über die diesseitige Misere hinwegtrösten könne, besteht zu Recht. Die Versuchung eines falschen Jenseitstrostes lähmt den Einsatz für Gerechtigkeit „hier und heute". Das ist unsere Gefährdung, die der Gläubigen.

Auf der anderen Seite war allerdings allzu oft der Versuch, die perfekte Gerechtigkeit auf die Erde zu holen, mit der Gefahr verbunden, auch diejenigen zu ihrem Glück zu zwingen, die es noch nicht einsehen, dass es ihr Glück sei. Die Gewalt liegt nahe, wenn man weiß, wie das vollkommene Glück beschaffen ist. Im Vollkommenheitsfanatismus ist eine Affinität zu Zwang und Terror verborgen.

Wir bleiben besser immer auf dem Weg, ohne endgültig ans Ziel zu kommen. Mit Endlösungen jedweder Art hat die Menschheit schlechte Erfahrungen gemacht. Der Satz von der „ecclesia semper reformanda" gilt auch für die „societas".

So sind wir beide – Gläubige wie Ungläubige – von jeweils anderen Absturzgefahren für unseren guten Willen umgeben. Wir von der Feigheit, die aufs Jenseits wartet, Ihr von der Tollkühnheit, die alles jetzt haben will. Beides zu vermeiden könnte gelingen, wenn wir unsere Schwächen gegenseitig kompensieren – so, wie der Blinde und der Taube sich wechselseitig unterstützen.

Ist unser Gespräch nicht ein zaghafter Versuch kompensatorischer Solidarität?

Gottgläubigkeit verträgt sich nicht mit Resignation gegenüber der Ungerechtigkeit, und Gottlosigkeit darf nicht zu der Verwechslung führen, dass man selber ersatzweise der Gott sein will, den man zuvor abgeschafft hat.

Lieber Herr Henkel, ich danke Ihnen für Ihre Briefe, die in meinem Kopf weiter „rumoren".

Herzlich
Ihr Norbert Blüm